TRANZLATY

Sprache ist für alle da

La Langue est pour tout
le Monde

Das Kommunistische Manifest

Le Manifeste Communiste

Karl Marx
&
Friedrich Engels

Deutsch / Français

Copyright © 2024 Tranzlaty
All rights reserved.
Published by Tranzlaty
ISBN: ISBN: 978-1-80572-349-3
Original text by Karl Marx and Friedrich Engels
The Communist Manifesto
First published in 1848
www.tranzlaty.com

Einleitung
Introduction

Ein Gespenst geht um in Europa – das Gespenst des Kommunismus

Un spectre hante l'Europe : le spectre du communisme

Alle Mächte des alten Europa sind eine heilige Allianz eingegangen, um dieses Gespenst auszutreiben

Toutes les puissances de la vieille Europe ont conclu une sainte alliance pour exorciser ce spectre

Papst und Zaren, Metternich und Guizot, französische Radikale und deutsche Polizeispione

Le pape et le tsar, Metternich et Guizot, les radicaux français et les espions de la police allemande

Wo ist die Oppositionspartei, die von ihren Gegnern an der Macht nicht als kommunistisch verschrien wurde?

Où est le parti dans l'opposition qui n'a pas été décrié comme communiste par ses adversaires au pouvoir ?

Wo ist die Opposition, die nicht den Brandvorwurf des Kommunismus gegen die fortgeschritteneren Oppositionsparteien zurückgeschleudert hat?

Où est l'opposition qui n'a pas rejeté le reproche de marque du communisme contre les partis d'opposition les plus avancés ?

Und wo ist die Partei, die den Vorwurf nicht gegen ihre reaktionären Gegner erhoben hat?

Et où est le parti qui n'a pas porté l'accusation contre ses adversaires réactionnaires ?

Aus dieser Tatsache ergeben sich zweierlei

Deux choses résultent de ce fait

I. Der Kommunismus wird bereits von allen europäischen Mächten als eine Macht anerkannt

I. Le communisme est déjà reconnu par toutes les puissances européennes comme étant lui-même une puissance

II. Es ist höchste Zeit, dass die Kommunisten ihre Ansichten, Ziele und Tendenzen offen vor der ganzen Welt offenlegen

II. Il est grand temps que les communistes publient ouvertement, à la face du monde entier, leurs vues, leurs buts et leurs tendances

sie müssen diesem Kindermärchen vom Gespenst des Kommunismus mit einem Manifest der Partei selbst begegnen

ils doivent répondre à ce conte enfantin du spectre du communisme par un manifeste du parti lui-même

Zu diesem Zweck haben sich Kommunisten verschiedener Nationalitäten in London versammelt und folgendes Manifest entworfen

À cette fin, des communistes de diverses nationalités se sont réunis à Londres et ont esquissé le manifeste suivant

Dieses Manifest wird in deutscher, englischer, französischer, italienischer, flämischer und dänischer Sprache veröffentlicht

ce manifeste sera publié en anglais, français, allemand, italien, flamand et danois

Und jetzt soll es in allen Sprachen veröffentlicht werden, die Tranzlaty anbietet

Et maintenant, il doit être publié dans toutes les langues proposées par Tranzlaty

Bourgeois und Proletarier

Les bourgeois et les prolétaires

Die Geschichte aller bisherigen Gesellschaften ist die Geschichte der Klassenkämpfe

L'histoire de toutes les sociétés qui ont existé jusqu'à présent est l'histoire des luttes de classes

Freier und Sklave, Patrizier und Plebejer, Herr und Leibeigener, Zunftmeister und Geselle

Homme libre et esclave, patricien et plébéien, seigneur et serf, maître de guilde et compagnon

mit einem Wort, Unterdrücker und Unterdrückte

en un mot, oppresseur et opprimé

Diese sozialen Klassen standen in ständiger Opposition zueinander

Ces classes sociales étaient en opposition constante les unes avec les autres

Sie führten einen ununterbrochenen Kampf. Jetzt versteckt, jetzt offen

Ils se sont battus sans interruption. Maintenant caché, maintenant ouvert

Ein Kampf, der entweder in einer revolutionären Rekonstitution der Gesellschaft als Ganzes endete

un combat qui s'est terminé par une reconstitution révolutionnaire de la société dans son ensemble

oder ein Kampf, der im gemeinsamen Ruin der streitenden Klassen endete

ou un combat qui s'est terminé par la ruine commune des classes en lutte

Blicken wir zurück auf die früheren Epochen der Geschichte

Jetons un coup d'œil aux époques antérieures de l'histoire

Wir finden fast überall eine komplizierte Einteilung der Gesellschaft in verschiedene Ordnungen

Nous trouvons presque partout un arrangement compliqué de la société en divers ordres

Es gab schon immer eine mannigfaltige Abstufung des sozialen Ranges

Il y a toujours eu une gradation multiple du rang social

Im alten Rom gibt es Patrizier, Ritter, Plebejer, Sklaven

Dans la Rome antique, nous avons des patriciens, des chevaliers, des plébéiens, des esclaves

im Mittelalter: Feudalherren, Vasallen, Zunftmeister, Gesellen, Lehrlinge, Leibeigene

au Moyen Âge : seigneurs féodaux, vassaux, maîtres de corporation, compagnons, apprentis, serfs

In fast allen diesen Klassen sind wiederum untergeordnete Abstufungen

Dans presque toutes ces classes, encore une fois, les gradations subordonnées

Die moderne Bourgeoisie Gesellschaft ist aus den Trümmern der feudalen Gesellschaft hervorgegangen

La société bourgeoise moderne est née des ruines de la société féodale

Aber diese neue Gesellschaftsordnung hat die Klassengegensätze nicht beseitigt

Mais ce nouvel ordre social n'a pas fait disparaître les antagonismes de classe

Sie hat nur neue Klassen und neue Unterdrückungsbedingungen geschaffen

Elle n'a fait qu'établir de nouvelles classes et de nouvelles conditions d'oppression

Sie hat neue Formen des Kampfes an die Stelle der alten gesetzt

Il a mis en place de nouvelles formes de lutte à la place des anciennes

Die Epoche, in der wir uns befinden, weist jedoch eine Besonderheit auf

Cependant, l'époque dans laquelle nous nous trouvons possède un trait distinctif

die Epoche der Bourgeoisie hat die Klassengegensätze vereinfacht

l'époque de la bourgeoisie a simplifié les antagonismes de classe

Die Gesellschaft als Ganzes spaltet sich mehr und mehr in zwei große feindliche Lager

La société dans son ensemble se divise de plus en plus en deux grands camps hostiles

zwei große soziale Klassen, die sich direkt gegenüberstehen: Bourgeoisie und Proletariat

deux grandes classes sociales qui se font directement face : la bourgeoisie et le prolétariat

Aus den Leibeigenen des Mittelalters gingen die Bürger der ersten Städte hervor

Des serfs du Moyen Âge sont sortis les bourgeois agréés des premières villes

Aus diesen Bürgern entwickelten sich die ersten Elemente der Bourgeoisie

C'est à partir de ces bourgeois que se sont développés les premiers éléments de la bourgeoisie

Die Entdeckung Amerikas und die Umrundung des Kaps

La découverte de l'Amérique et le contournement du Cap

diese Ereignisse eröffneten der aufstrebenden Bourgeoisie neues Terrain

ces événements ont ouvert un nouveau terrain à la bourgeoisie montante

Die ostindischen und chinesischen Märkte, die Kolonisierung Amerikas, der Handel mit den Kolonien

Les marchés des Indes orientales et de la Chine, la colonisation de l'Amérique, le commerce avec les colonies

die Vermehrung der Tauschmittel und der Waren überhaupt

l'augmentation des moyens d'échange et des marchandises en général

Diese Ereignisse gaben dem Handel, der Schiffahrt und der Industrie einen nie gekannten Impuls

Ces événements donnèrent au commerce, à la navigation et à l'industrie une impulsion jamais connue jusque-là

Sie gab dem revolutionären Element in der wankenden feudalen Gesellschaft eine rasche Entwicklung

Elle a donné un développement rapide à l'élément
révolutionnaire dans la société féodale chancelante

**Geschlossene Zünfte hatten das feudale System der
industriellen Produktion monopolisiert**

Les guildes fermées avaient monopolisé le système féodal de
la production industrielle

**Doch das reichte den wachsenden Bedürfnissen der neuen
Märkte nicht mehr aus**

Mais cela ne suffisait plus aux besoins croissants des
nouveaux marchés

**Das Manufaktursystem trat an die Stelle des feudalen
Systems der Industrie**

Le système manufacturier a pris la place du système féodal de
l'industrie

**Die Zunftmeister wurden vom produzierenden Bürgertum
auf die Seite gedrängt**

Les maîtres de guilde étaient poussés d'un côté par la classe
moyenne manufacturière

**Die Arbeitsteilung zwischen den verschiedenen
korporativen Innungen verschwand**

La division du travail entre les différentes corporations a
disparu

Die Arbeitsteilung durchdrang jede einzelne Werkstatt

La division du travail s'infiltrait dans chaque atelier

**In der Zwischenzeit wuchsen die Märkte immer weiter und
die Nachfrage stieg immer weiter**

Pendant ce temps, les marchés ne cessaient de croître et la
demande ne cessait d'augmenter

**Selbst Fabriken reichten nicht mehr aus, um den
Anforderungen gerecht zu werden**

Même les usines ne suffisaient plus à répondre à la demande

**Daraufhin revolutionierten Dampf und Maschinen die
industrielle Produktion**

À partir de là, la vapeur et les machines ont révolutionné la
production industrielle

An die Stelle der Manufaktur trat der Riese, die moderne Industrie

La place de fabrication a été prise par le géant de l'industrie moderne

An die Stelle des industriellen Mittelstandes traten industrielle Millionäre

La place de la classe moyenne industrielle a été prise par des millionnaires industriels

an die Stelle der Führer ganzer Industriearmeen trat die moderne Bourgeoisie

la place de chefs d'armées industrielles entières ont été prises par la bourgeoisie moderne

die Entdeckung Amerikas ebnete der modernen Industrie den Weg zur Etablierung des Weltmarktes

la découverte de l'Amérique a ouvert la voie à l'industrie moderne pour établir le marché mondial

Dieser Markt gab dem Handel, der Schifffahrt und der Kommunikation auf dem Landweg eine ungeheure Entwicklung

Ce marché donna un immense développement au commerce, à la navigation et aux communications par terre

Diese Entwicklung hat seinerzeit auf die Ausdehnung der Industrie reagiert

Cette évolution a, en son temps, réagi à l'extension de l'industrie

Sie reagierte in dem Maße, wie sich die Industrie ausbreitete, und wie sich Handel, Schiffahrt und Eisenbahn ausdehnten

elle a réagi proportionnellement à l'expansion de l'industrie et à l'extension du commerce, de la navigation et des chemins de fer

in demselben Maße, in dem sich die Bourgeoisie entwickelte, vermehrte sie ihr Kapital

dans la même proportion que la bourgeoisie s'est développée, elle a augmenté son capital

und das Bourgeoisie drängte jede aus dem Mittelalter überlieferte Klasse in den Hintergrund

et la bourgeoisie a relégué à l'arrière-plan toutes les classes héritées du Moyen Âge

daher ist die moderne Bourgeoisie selbst das Produkt eines langen Entwicklungsganges

c'est pourquoi la bourgeoisie moderne est elle-même le produit d'un long développement

Wir sehen, dass es sich um eine Reihe von Revolutionen in der Produktions- und Tauschweise handelt

On voit qu'il s'agit d'une série de révolutions dans les modes de production et d'échange

Jeder Schritt der Bourgeoisie Entwicklung ging mit einem entsprechenden politischen Fortschritt einher

Chaque étape du développement de la bourgeoisie s'accompagnait d'une avancée politique correspondante

Eine unterdrückte Klasse unter der Herrschaft des feudalen Adels

Une classe opprimée sous l'emprise de la noblesse féodale

ein bewaffneter und selbstverwalteter Verein in der mittelalterlichen Kommune

Une association armée et autonome dans la commune médiévale

hier eine unabhängige Stadtrepublik (wie in Italien und Deutschland)

ici, une république urbaine indépendante (comme en Italie et en Allemagne)

dort ein steuerpflichtiger "dritter Stand" der Monarchie (wie in Frankreich)

là, un « tiers état » imposable de la monarchie (comme en France)

Danach, in der Zeit der eigentlichen Herstellung

par la suite, dans la période de fabrication proprement dite

die Bourgeoisie diente entweder der halbfeudalen oder der absoluten Monarchie

la bourgeoisie servait soit la monarchie semi-féodale, soit la
monarchie absolue
oder die Bourgeoisie fungierte als Gegengewicht zum Adel
ou bien la bourgeoisie faisait contrepoids à la noblesse
und in der Tat war die Bourgeoisie ein Eckpfeiler der großen
Monarchien überhaupt
et, en fait, la bourgeoisie était une pierre angulaire des grandes
monarchies en général
aber die moderne Industrie und der Weltmarkt haben sich
seitdem etabliert
mais l'industrie moderne et le marché mondial se sont établis
depuis lors
und die Bourgeoisie hat sich die ausschließliche politische
Herrschaft erobert
et la bourgeoisie s'est emparée de l'emprise politique
exclusive
sie erreichte diese politische Herrschaft durch den
modernen repräsentativen Staat
elle a obtenu cette influence politique à travers l'État
représentatif moderne
Die Exekutive des modernen Staates ist nichts anderes als
ein Verwaltungskomitee
Les exécutifs de l'État moderne ne sont qu'un comité de
gestion
und sie leiten die gemeinsamen Angelegenheiten der
gesamten Bourgeoisie
et ils gèrent les affaires communes de toute la bourgeoisie
Die Bourgeoisie hat historisch gesehen eine höchst
revolutionäre Rolle gespielt
La bourgeoisie, historiquement, a joué un rôle des plus
révolutionnaires
Wo immer sie die Oberhand gewann, machte sie allen
feudalen, patriarchalischen und idyllischen Verhältnissen
ein Ende
Partout où elle a pris le dessus, elle a mis fin à toutes les
relations féodales, patriarcales et idylliques

Sie hat erbarmungslos die bunten feudalen Bande zerrissen, die den Menschen an seine "natürlichen Vorgesetzten" banden

Elle a impitoyablement déchiré les liens féodaux hétéroclites qui liaient l'homme à ses « supérieurs naturels »

Und es ist kein Nexus zwischen Mensch und Mensch übrig geblieben, außer nacktem Eigeninteresse

et il n'y a plus de lien entre l'homme et l'homme, si ce n'est l'intérêt personnel

Die Beziehungen der Menschen zueinander sind zu nichts anderem geworden als zu einer gefühllosen "Geldzahlung"

Les relations de l'homme entre eux ne sont plus qu'un « paiement en espèces » impitoyable

Sie hat die himmlischsten Ekstasen religiöser Inbrunst ertränkt

Elle a noyé les extases les plus célestes de la ferveur religieuse

sie hat ritterlichen Enthusiasmus und philiströsen Sentimentalismus übertönt

elle a noyé l'enthousiasme chevaleresque et le sentimentalisme philistin

Sie hat diese Dinge im eisigen Wasser des egoistischen Kalküls ertränkt

Il a noyé ces choses dans l'eau glacée du calcul égoïste

Sie hat den persönlichen Wert in Tauschwert aufgelöst

Il a transformé la valeur personnelle en valeur échangeable

Sie hat die zahllosen und unveräußerlichen verbrieften Freiheiten ersetzt

elle a remplacé les innombrables et inaliénables libertés garanties par la Charte

und sie hat eine einzige, skrupellose Freiheit geschaffen; Freihandel

et il a mis en place une liberté unique et inadmissible ; Libre-échange

Mit einem Wort, sie hat dies für die Ausbeutung getan

En un mot, il l'a fait pour l'exploitation

Ausbeutung, verschleiert durch religiöse und politische Illusionen

Une exploitation voilée par des illusions religieuses et politiques

Ausbeutung verschleiert durch nackte, schamlose, direkte, brutale Ausbeutung

l'exploitation voilée par une exploitation nue, éhontée, directe, brutale

die Bourgeoisie hat den Heiligenschein von jedem zuvor geehrten und verehrten Beruf abgestreift

la bourgeoisie a enlevé l'auréole de toutes les occupations jusque-là honorées et vénérées

der Arzt, der Advokat, der Priester, der Dichter und der Mann der Wissenschaft

le médecin, l'avocat, le prêtre, le poète et l'homme de science

Sie hat diese ausgezeichneten Arbeiter in ihre bezahlten Lohnarbeiter verwandelt

Il a converti ces travailleurs distingués en ses travailleurs salariés

Die Bourgeoisie hat der Familie den sentimentalen Schleier weggerissen

La bourgeoisie a déchiré le voile sentimental de la famille

Und sie hat das Familienverhältnis auf ein bloßes Geldverhältnis reduziert

et elle a réduit la relation familiale à une simple relation d'argent

die brutale Zurschaustellung der Kraft im Mittelalter, die die Reaktionäre so sehr bewundern

la brutale démonstration de vigueur au Moyen Âge que les réactionnaires admirent tant

Auch diese fand ihre passende Ergänzung in der trägesten Trägheit

Même cela a trouvé son complément approprié dans l'indolence la plus paresseuse

Die Bourgeoisie hat enthüllt, wie es dazu gekommen ist

La bourgeoisie a révélé comment tout cela s'est passé

Die Bourgeoisie war die erste, die gezeigt hat, was die Tätigkeit des Menschen bewirken kann

La bourgeoisie a été la première à montrer ce que l'activité de l'homme peut produire

Sie hat Wunder vollbracht, die ägyptische Pyramiden, römische Aquädukte und gotische Kathedralen bei weitem übertreffen

Il a accompli des merveilles surpassant de loin les pyramides égyptiennes, les aqueducs romains et les cathédrales gothiques

und sie hat Expeditionen durchgeführt, die alle früheren Auszüge von Nationen und Kreuzzügen in den Schatten stellten

et il a mené des expéditions qui ont mis dans l'ombre tous les anciens Exodes des nations et les croisades

Die Bourgeoisie kann nicht existieren, ohne die Produktionsmittel ständig zu revolutionieren

La bourgeoisie ne peut exister sans révolutionner sans cesse les instruments de production

und damit kann sie nicht ohne ihre Beziehungen zur Produktion existieren

et par conséquent elle ne peut exister sans ses rapports à la production

und deshalb kann sie nicht ohne ihre Beziehungen zur Gesellschaft existieren

et donc elle ne peut exister sans ses relations avec la société

Alle früheren Industrieklassen hatten eine Bedingung gemeinsam

Toutes les classes industrielles antérieures avaient une condition en commun

Sie setzten auf die Bewahrung der alten Produktionsweisen

Ils s'appuyaient sur la conservation des anciens modes de production

aber die Bourgeoisie brachte eine völlig neue Dynamik mit sich

mais la bourgeoisie a apporté avec elle une dynamique tout à fait nouvelle

Ständige Revolutionierung der Produktion und ununterbrochene Störung aller gesellschaftlichen Verhältnisse

Révolution constante de la production et perturbation ininterrompue de toutes les conditions sociales

diese immerwährende Unsicherheit und Unruhe unterscheidet die Epoche der Bourgeoisie von allen früheren

cette incertitude et cette agitation perpétuelles distinguent l'époque bourgeoise de toutes les époques antérieures

Die bisherigen Beziehungen zur Produktion waren mit alten und ehrwürdigen Vorurteilen und Meinungen verbunden

Les relations antérieures avec la production s'accompagnaient de préjugés et d'opinions anciens et vénérables

Aber all diese festgefahrenen, eingefrorenen Beziehungen werden hinweggefegt

Mais toutes ces relations figées et figées sont balayées d'un revers de main

Alle neu gebildeten Verhältnisse werden antiquiert, bevor sie erstarren können

Toutes les relations nouvellement formées deviennent archaïques avant de pouvoir s'ossifier

Alles, was fest ist, zerschmilzt in Luft, und alles, was heilig ist, wird entweiht

Tout ce qui est solide se fond dans l'air, et tout ce qui est saint est profané

Der Mensch ist endlich gezwungen, mit nüchternen Sinnen seinen wirklichen Lebensbedingungen ins Auge zu sehen

L'homme est enfin forcé de faire face, avec des sens sobres, à ses conditions réelles de vie

und er ist gezwungen, sich seinen Beziehungen zu seinesgleichen zu stellen

et il est obligé de faire face à ses relations avec les siens

Die Bourgeoisie muss ständig ihre Märkte für ihre Produkte erweitern

La bourgeoisie a constamment besoin d'élargir ses marchés pour ses produits

und deshalb wird die Bourgeoisie über die ganze Erdoberfläche gejagt

et, à cause de cela, la bourgeoisie est poursuivie sur toute la surface du globe

Die Bourgeoisie muss sich überall einnisten, sich überall niederlassen, überall Verbindungen herstellen

La bourgeoisie doit se nicher partout, s'installer partout, établir des liens partout

Die Bourgeoisie muss in jedem Winkel der Welt Märkte schaffen, um sie auszubeuten

La bourgeoisie doit créer des marchés dans tous les coins du monde pour exploiter

Die Produktion und der Konsum in jedem Land haben einen kosmopolitischen Charakter erhalten

La production et la consommation dans tous les pays ont reçu un caractère cosmopolite

der Verdruss der Reaktionäre ist mit Händen zu greifen, aber er hat sich trotzdem fortgesetzt

le chagrin des réactionnaires est palpable, mais il s'est poursuivi malgré tout

Die Bourgeoisie hat der Industrie den nationalen Boden, auf dem sie stand, unter den Füßen weggezogen

La bourgeoisie a tiré de dessous les pieds de l'industrie le terrain national sur lequel elle se trouvait

Alle alteingesessenen nationalen Industrien sind zerstört worden oder werden täglich zerstört

Toutes les anciennes industries nationales ont été détruites, ou sont détruites chaque jour

Alle alteingesessenen nationalen Industrien werden durch neue Industrien verdrängt

Toutes les anciennes industries nationales sont délogées par de nouvelles industries

Ihre Einführung wird zu einer Frage von Leben und Tod für alle zivilisierten Völker

Leur introduction devient une question de vie ou de mort
pour toutes les nations civilisées

**Sie werden von Industrien verdrängt, die keine heimischen
Rohstoffe mehr verarbeiten**

Ils sont délogés par les industries qui ne travaillent plus la
matière première indigène

**Stattdessen beziehen diese Industrien Rohstoffe aus den
entlegensten Zonen**

Au lieu de cela, ces industries extraient des matières premières
des zones les plus reculées

**Industrien, deren Produkte nicht nur zu Hause, sondern in
allen Teilen der Welt konsumiert werden**

dont les produits sont consommés, non seulement chez nous,
mais dans tous les coins du monde

**An die Stelle der alten Bedürfnisse, die durch die
Erzeugnisse des Landes befriedigt werden, treten neue
Bedürfnisse**

À la place des anciens besoins, satisfaits par les productions
du pays, nous trouvons de nouveaux besoins

**Diese neuen Bedürfnisse bedürfen zu ihrer Befriedigung
der Produkte aus fernen Ländern und Klimazonen**

Ces nouveaux besoins exigent pour leur satisfaction les
produits des pays et des climats lointains

**An die Stelle der alten lokalen und nationalen
Abgeschiedenheit und Selbstversorgung tritt der Handel**

À la place de l'ancien isolement et de l'autosuffisance locaux et
nationaux, nous avons le commerce

**internationaler Austausch in alle Richtungen; universelle
Interdependenz der Nationen**

les échanges internationaux dans toutes les directions ;
l'interdépendance universelle des nations

**Und so wie wir von Materialien abhängig sind, so sind wir
von der intellektuellen Produktion abhängig**

Et de même que nous sommes dépendants des matériaux,
nous sommes dépendants de la production intellectuelle

Die geistigen Schöpfungen der einzelnen Nationen werden zum Gemeingut

Les créations intellectuelles des nations individuelles deviennent la propriété commune

Nationale Einseitigkeit und Engstirnigkeit werden immer unmöglicher

L'unilatéralité nationale et l'étroitesse d'esprit deviennent de plus en plus impossibles

Und aus den zahlreichen nationalen und lokalen Literaturen entsteht eine Weltliteratur

et des nombreuses littératures nationales et locales, surgit une littérature mondiale

durch die rasche Verbesserung aller Produktionsmittel

par l'amélioration rapide de tous les instruments de production

durch die immens erleichterten Kommunikationsmittel

par les moyens de communication immensément facilités

Die Bourgeoisie zieht alle (auch die barbarischsten Nationen) in die Zivilisation hinein

La bourgeoisie entraîne tout le monde (même les nations les plus barbares) dans la civilisation

Die billigen Preise seiner Waren; die schwere Artillerie, die alle chinesischen Mauern niederreißt

Les prix bon marché de ses marchandises ; l'artillerie lourde qui abat toutes les murailles chinoises

Der hartnäckige Fremdenhass der Barbaren wird zur Kapitulation gezwungen

La haine obstinée des barbares contre les étrangers est forcée de capituler

Sie zwingt alle Nationen, unter Androhung des Aussterbens, die Bourgeoisie Produktionsweise anzunehmen

Elle oblige toutes les nations, sous peine d'extinction, à adopter le mode de production bourgeois

Sie zwingt sie, das, was sie Zivilisation nennt, in ihre Mitte einzuführen

elle les oblige à introduire ce qu'elle appelle la civilisation en leur sein

Die Bourgeoisie zwingt die Barbaren, selbst zur Bourgeoisie zu werden

La bourgeoisie force les barbares à devenir eux-mêmes bourgeois

mit einem Wort, die Bourgeoisie schafft sich eine Welt nach ihrem Bilde

en un mot, la bourgeoisie crée un monde à son image

Die Bourgeoisie hat das Land der Herrschaft der Städte unterworfen

La bourgeoisie a soumis les campagnes à la domination des villes

Sie hat riesige Städte geschaffen und die Stadtbevölkerung stark vergrößert

Il a créé d'énormes villes et considérablement augmenté la population urbaine

Sie rettete einen beträchtlichen Teil der Bevölkerung vor der Idiotie des Landlebens

Il a sauvé une partie considérable de la population de l'idiotie de la vie rurale

Aber sie hat die Menschen auf dem Lande von den Städten abhängig gemacht

mais elle a rendu les ruraux dépendants des villes

Und ebenso hat sie die barbarischen Länder von den zivilisierten abhängig gemacht

et de même, elle a rendu les pays barbares dépendants des pays civilisés

Bauernnationen gegen Völker der Bourgeoisie, Osten gegen Westen

nations paysannes sur nations bourgeoises, l'Orient sur Occident

Die Bourgeoisie beseitigt den zerstreuten Zustand der Bevölkerung mehr und mehr

La bourgeoisie se débarrasse de plus en plus de l'éparpillement de la population

Sie hat die Produktion agglomeriert und das Eigentum in wenigen Händen konzentriert

Il a une production agglomérée et a concentré la propriété entre quelques mains

Die notwendige Konsequenz daraus war eine politische Zentralisierung

La conséquence nécessaire de cela a été la centralisation politique

Es gab unabhängige Nationen und lose miteinander verbundene Provinzen

Il y avait eu des nations indépendantes et des provinces vaguement reliées entre elles

Sie hatten getrennte Interessen, Gesetze, Regierungen und Steuersysteme

Ils avaient des intérêts, des lois, des gouvernements et des systèmes d'imposition distincts

Aber sie sind zu einer Nation zusammengeschmolzen, mit einer Regierung

Mais ils ont été regroupés en une seule nation, avec un seul gouvernement

Sie haben jetzt ein nationales Klasseninteresse, eine Grenze und einen Zolltarif

Ils ont maintenant un intérêt de classe national, une frontière et un tarif douanier

Und dieses nationale Klasseninteresse ist unter einem Gesetzbuch vereinigt

Et cet intérêt de classe national est unifié sous un seul code de loi

die Bourgeoisie hat während ihrer knapp hundertjährigen Herrschaft viel erreicht

la bourgeoisie a accompli beaucoup de choses au cours de son règne d'à peine cent ans

massivere und kolossalere Produktivkräfte als alle vorhergehenden Generationen zusammen

forces productives plus massives et plus colossales que toutes les générations précédentes réunies

Die Kräfte der Natur sind dem Willen des Menschen und seiner Maschinerie unterworfen

Les forces de la nature sont soumises à la volonté de l'homme et de ses machines

Die Chemie wird auf alle Industrieformen und Landwirtschaftsformen angewendet

La chimie s'applique à toutes les formes d'industrie et à tous les types d'agriculture

Dampfschiffahrt, Eisenbahnen, elektrische Telegraphen und die Druckerpresse

la navigation à vapeur, les chemins de fer, les télégraphes électriques et l'imprimerie

Rodung ganzer Kontinente für den Anbau, Kanalisierung von Flüssen

défrichement de continents entiers pour la culture, canalisation des rivières

ganze Populationen wurden aus dem Boden gezaubert und an die Arbeit gebracht

Des populations entières ont été extirpées du sol et mises au travail

Welches frühere Jahrhundert hatte auch nur eine Ahnung von dem, was entfesselt werden könnte?

Quel siècle précédent avait ne serait-ce qu'un pressentiment de ce qui pourrait être déchaîné ?

Wer hat vorausgesagt, dass solche Produktivkräfte im Schoß der gesellschaftlichen Arbeit schlummern?

Qui aurait prédit que de telles forces productives sommeillaient dans le giron du travail social ?

Wir sehen also, daß die Produktions- und Tauschmittel in der feudalen Gesellschaft erzeugt wurden

Nous voyons donc que les moyens de production et d'échange ont été générés dans la société féodale

die Produktionsmittel, auf deren Grundlage sich die Bourgeoisie aufbaute

les moyens de production sur la base desquels la bourgeoisie s'est construite

Auf einer bestimmten Stufe der Entwicklung dieser Produktions- und Tauschmittel

À un certain stade du développement de ces moyens de production et d'échange

die Bedingungen, unter denen die feudale Gesellschaft produzierte und tauschte

les conditions dans lesquelles la société féodale produisait et échangeait

Die feudale Organisation der Landwirtschaft und des verarbeitenden Gewerbes

L'organisation féodale de l'agriculture et de l'industrie manufacturière

Die feudalen Eigentumsverhältnisse waren mit den materiellen Verhältnissen nicht mehr vereinbar

Les rapports féodaux de propriété n'étaient plus compatibles avec les conditions matérielles

Sie mussten gesprengt werden, also wurden sie auseinandergesprengt

Ils devaient être brisés, alors ils ont été brisés

An ihre Stelle trat die freie Konkurrenz der Produktivkräfte

À leur place s'est ajoutée la libre concurrence des forces productives

Und sie wurden von einer ihr angepassten sozialen und politischen Verfassung begleitet

et ils étaient accompagnés d'une constitution sociale et politique adaptée à celle-ci

und sie wurde begleitet von der ökonomischen und politischen Herrschaft der Bourgeoisie Klasse

et elle s'accompagnait de l'emprise économique et politique de la classe bourgeoise

Eine ähnliche Bewegung vollzieht sich vor unseren eigenen Augen

Un mouvement similaire est en train de se produire sous nos yeux

Die moderne Bourgeoisie Gesellschaft mit ihren Produktions-, Tausch- und Eigentumsverhältnissen

La société bourgeoise moderne avec ses rapports de
production, d'échange et de propriété
**eine Gesellschaft, die so gigantische Produktions- und
Tauschmittel heraufbeschworen hat**
une société qui a inventé des moyens de production et
d'échange aussi gigantesques
**Es ist wie der Zauberer, der die Mächte der Unterwelt
heraufbeschworen hat**
C'est comme le sorcier qui a invoqué les puissances de l'au-
delà
**Aber er ist nicht mehr in der Lage, zu kontrollieren, was er
in die Welt gebracht hat**
Mais il n'est plus capable de contrôler ce qu'il a mis au monde
**Viele Jahrzehnte lang war die vergangene Geschichte durch
einen roten Faden miteinander verbunden**
Pendant de nombreuses décennies, l'histoire a été liée par un
fil conducteur
**Die Geschichte der Industrie und des Handels ist nichts
anderes als die Geschichte der Revolten**
L'histoire de l'industrie et du commerce n'a été que l'histoire
des révoltes
**die Revolten der modernen Produktivkräfte gegen die
modernen Produktionsbedingungen**
Les révoltes des forces productives modernes contre les
conditions modernes de production
**die Revolten der modernen Produktivkräfte gegen die
Eigentumsverhältnisse**
Les révoltes des forces productives modernes contre les
rapports de propriété
**diese Eigentumsverhältnisse sind die Bedingungen für die
Existenz der Bourgeoisie**
ces rapports de propriété sont les conditions de l'existence de
la bourgeoisie
**und die Existenz der Bourgeoisie bestimmt die Regeln der
Eigentumsverhältnisse**

et l'existence de la bourgeoisie détermine les règles des rapports de propriété

Es genügt, die periodische Wiederkehr von Handelskrisen zu erwähnen

Il suffit de mentionner le retour périodique des crises commerciales

jede Handelskrise ist für die Bourgeoisie Gesellschaft bedrohlicher als die letzte

chaque crise commerciale est plus menaçante pour la société bourgeoise que la précédente

In diesen Krisen wird ein großer Teil der bestehenden Produkte vernichtet

Dans ces crises, une grande partie des produits existants sont détruits

Diese Krisen zerstören aber auch die zuvor geschaffenen Produktivkräfte

Mais ces crises détruisent aussi les forces productives créées précédemment

In allen früheren Epochen wären diese Epidemien als Absurdität erschienen

Dans toutes les époques antérieures, ces épidémies auraient semblé une absurdité

denn diese Epidemien sind die kommerziellen Krisen der Überproduktion

parce que ces épidémies sont les crises commerciales de la surproduction

Die Gesellschaft befindet sich plötzlich wieder in einem Zustand der momentanen Barbarei

La société se trouve soudain remise dans un état de barbarie momentanée

als ob ein allgemeiner Verwüstungskrieg jede Möglichkeit des Lebensunterhalts abgeschnitten hätte

comme si une guerre universelle de dévastation avait coupé tous les moyens de subsistance

Industrie und Handel scheinen zerstört worden zu sein; Und warum?

l'industrie et le commerce semblent avoir été détruits ; Et pourquoi ?

Weil es zu viel Zivilisation und Subsistenzmittel gibt

Parce qu'il y a trop de civilisation et de moyens de subsistance

Und weil es zu viel Industrie und zu viel Handel gibt

et parce qu'il y a trop d'industrie et trop de commerce

Die Produktivkräfte, die der Gesellschaft zur Verfügung stehen, entwickeln nicht mehr das Bourgeoisie Eigentum

Les forces productives à la disposition de la société ne développent plus la propriété bourgeoise

im Gegenteil, sie sind zu mächtig geworden für diese Verhältnisse, durch die sie gefesselt sind

au contraire, ils sont devenus trop puissants pour ces conditions, par lesquelles ils sont enchaînés

sobald sie diese Fesseln überwunden haben, bringen sie Unordnung in die ganze Bourgeoisie Gesellschaft

dès qu'ils surmontent ces entraves, ils mettent le désordre dans toute la société bourgeoise

und die Produktivkräfte gefährden die Existenz des Bourgeoisie Eigentums

et les forces productives mettent en danger l'existence de la propriété bourgeoise

Die Bedingungen der Bourgeoisie Gesellschaft sind zu eng, um den von ihnen geschaffenen Reichtum zu erfassen

Les conditions de la société bourgeoise sont trop étroites pour englober les richesses qu'elles créent

Und wie überwindet die Bourgeoisie diese Krisen?

Et comment la bourgeoisie surmonte-t-elle ces crises ?

Einerseits überwindet sie diese Krisen durch die erzwungene Vernichtung einer Masse von Produktivkräften

D'une part, elle surmonte ces crises par la destruction forcée d'une masse de forces productives

Andererseits überwindet sie diese Krisen durch die Eroberung neuer Märkte

D'autre part, elle surmonte ces crises par la conquête de nouveaux marchés

Und sie überwindet diese Krisen durch die gründlichere Ausbeutung der alten Produktivkräfte

et elle surmonte ces crises par l'exploitation plus poussée des anciennes forces productives

Das heißt, indem sie den Weg für umfangreichere und zerstörerischere Krisen ebnen

C'est-à-dire en ouvrant la voie à des crises plus étendues et plus destructrices

Sie überwindet die Krise, indem sie die Mittel zur Krisenprävention einschränkt

elle surmonte la crise en diminuant les moyens de prévention des crises

Die Waffen, mit denen die Bourgeoisie den Feudalismus zu Fall brachte, sind jetzt gegen sich selbst gerichtet

Les armes avec lesquelles la bourgeoisie a abattu le féodalisme sont maintenant retournées contre elle-même

Aber die Bourgeoisie hat nicht nur die Waffen geschmiedet, die sich selbst den Tod bringen

Mais non seulement la bourgeoisie a-t-elle forgé les armes qui lui apportent la mort

Sie hat auch die Männer ins Leben gerufen, die diese Waffen führen sollen

Il a également appelé à l'existence les hommes qui doivent manier ces armes

Und diese Männer sind die moderne Arbeiterklasse; Sie sind die Proletarier

Et ces hommes sont la classe ouvrière moderne ; Ce sont les prolétaires

In dem Maße, wie die Bourgeoisie entwickelt ist, entwickelt sich auch das Proletariat

À mesure que la bourgeoisie se développe, le prolétariat se développe dans la même proportion

Die moderne Arbeiterklasse entwickelte eine Klasse von Arbeitern

La classe ouvrière moderne a développé une classe d'ouvriers

Diese Klasse von Arbeitern lebt nur so lange, wie sie Arbeit findet

Cette classe d'ouvriers ne vit que tant qu'elle trouve du travail

Und sie finden nur so lange Arbeit, wie ihre Arbeit das Kapital vermehrt

et ils ne trouvent de travail qu'aussi longtemps que leur travail augmente le capital

Diese Arbeiter, die sich stückweise verkaufen müssen, sind eine Ware

Ces ouvriers, qui doivent se vendre à la pièce, sont une marchandise

Diese Arbeiter sind wie jeder andere Handelsartikel

Ces ouvriers sont comme tous les autres articles de commerce

und sie sind folglich allen Wechselfällen des Wettbewerbs ausgesetzt

et, par conséquent, ils sont exposés à toutes les vicissitudes de la concurrence

Sie müssen alle Schwankungen des Marktes überstehen

Ils doivent faire face à toutes les fluctuations du marché

Aufgrund des umfangreichen Maschineneinsatzes und der Arbeitsteilung

En raison de l'utilisation intensive des machines et de la division du travail

Die Arbeit der Proletarier hat jeden individuellen Charakter verloren

Le travail des prolétaires a perdu tout caractère individuel

Und folglich hat die Arbeit der Proletarier für den Arbeiter jeden Reiz verloren

et, par conséquent, le travail des prolétaires a perdu tout charme pour l'ouvrier

Er wird zu einem Anhängsel der Maschine und nicht mehr zu dem Mann, der er einmal war

Il devient un appendice de la machine, plutôt que l'homme qu'il était autrefois

Nur das einfachste, eintönigste und am leichtesten zu erwerbende Geschick wird von ihm verlangt

On n'exige de lui que l'habileté la plus simple, la plus monotone et la plus facile à acquérir

Daher sind die Produktionskosten eines Arbeiters begrenzt

Par conséquent, le coût de production d'un ouvrier est limité

sie beschränkt sich fast ausschließlich auf die Mittel zur Bestreitung des Lebensunterhalts, die er zu seinem Unterhalt benötigt

elle se limite presque entièrement aux moyens de subsistance dont il a besoin pour son entretien

und sie beschränkt sich auf die Subsistenzmittel, die er zur Fortpflanzung seiner Rasse benötigt

et elle est limitée aux moyens de subsistance dont il a besoin pour la propagation de sa race

Aber der Preis einer Ware, also auch der Arbeit, ist gleich ihren Produktionskosten

Mais le prix d'une marchandise, et par conséquent aussi du travail, est égal à son coût de production

In dem Maße also, wie die Widerwärtigkeit der Arbeit zunimmt, sinkt der Lohn

C'est pourquoi, à mesure que le travail répugnant augmente, le salaire diminue

Ja, die Widerwärtigkeit seiner Arbeit nimmt sogar noch mehr zu

Bien plus, le caractère répugnant de son travail augmente à un rythme encore plus grand

In dem Maße, wie der Einsatz von Maschinen und die Arbeitsteilung zunehmen, steigt auch die Last der Arbeit

À mesure que l'utilisation des machines et la division du travail augmentent, le fardeau du labeur augmente également

Die Arbeitsbelastung wird durch die Verlängerung der Arbeitszeit erhöht

La charge de travail est augmentée par la prolongation du temps de travail

Dem Arbeiter wird in der gleichen Zeit mehr zugemutet als zuvor

On attend plus de l'ouvrier dans le même temps qu'auparavant

Und natürlich wird die Last der Arbeit durch die Geschwindigkeit der Maschinerie erhöht

Et bien sûr, le poids du labeur est augmenté par la vitesse de la machine

Die moderne Industrie hat die kleine Werkstatt des patriarchalischen Meisters in die große Fabrik des industriellen Kapitalisten verwandelt

L'industrie moderne a transformé le petit atelier du maître patriarcal en la grande usine du capitaliste industriel

Massen von Arbeitern, die in die Fabrik gedrängt sind, sind wie Soldaten organisiert

Des masses d'ouvriers, entassés dans l'usine, s'organisent comme des soldats

Als Gefreite der Industriearmee stehen sie unter dem Kommando einer vollkommenen Hierarchie von Offizieren und Unteroffizieren

En tant que simples soldats de l'armée industrielle, ils sont placés sous le commandement d'une hiérarchie parfaite d'officiers et de sergents

sie sind nicht nur die Sklaven der Bourgeoisie und des Staates

ils ne sont pas seulement les esclaves de la classe bourgeoise et de l'État

Aber sie werden auch täglich und stündlich von der Maschine versklavt

Mais ils sont aussi asservis quotidiennement et d'heure en heure par la machine

sie sind Sklaven des Aufsehers und vor allem des einzelnen Bourgeoisie Fabrikanten selbst

ils sont asservis par le surveillant, et surtout par le fabricant bourgeois lui-même

Je offener dieser Despotismus den Gewinn als seinen Zweck und sein Ziel proklamiert, desto kleinlicher, verhaßter und verbitterender ist er

Plus ce despotisme proclame ouvertement que le gain est sa fin et son but, plus il est mesquin, plus haïssable et plus aigri

Je mehr sich die moderne Industrie entwickelt, desto geringer sind die Unterschiede zwischen den Geschlechtern

Plus l'industrie moderne se développe, moins les différences entre les sexes sont grandes

Je geringer die Geschicklichkeit und Kraftanstrengung der Handarbeit ist, desto mehr wird die Arbeit der Männer von der der Frauen verdrängt

Moins le travail manuel exige d'habileté et d'effort de force, plus le travail des hommes est supplanté par celui des femmes

Alters- und Geschlechtsunterschiede haben für die Arbeiterklasse keine besondere gesellschaftliche Gültigkeit mehr

Les différences d'âge et de sexe n'ont plus de validité sociale distincte pour la classe ouvrière

Alle sind Arbeitsinstrumente, die je nach Alter und Geschlecht mehr oder weniger teuer zu gebrauchen sind

Tous sont des instruments de travail, plus ou moins coûteux à utiliser, selon leur âge et leur sexe

sobald der Arbeiter seinen Lohn in bar erhält, wird er von den übrigen Teilen der Bourgeoisie angegriffen

dès que l'ouvrier reçoit son salaire en espèces, il est attaqué par les autres parties de la bourgeoisie

der Vermieter, der Ladenbesitzer, der Pfandleiher usw

le propriétaire, le commerçant, le prêteur sur gages, etc

Die unteren Schichten der Mittelschicht; die kleinen Handwerker und Ladenbesitzer

Les couches inférieures de la classe moyenne ; les petits commerçants et les commerçants

die pensionierten Gewerbetreibenden überhaupt, die Handwerker und Bauern

les commerçants retraités en général, et les artisans et les paysans

all dies sinkt allmählich in das Proletariat ein

tout cela s'enfonce peu à peu dans le prolétariat

theils deshalb, weil ihr winziges Kapital nicht ausreicht für
den Maßstab, in dem die moderne Industrie betrieben wird
en partie parce que leur petit capital ne suffit pas à l'échelle
sur laquelle l'industrie moderne est exercée
und weil sie in der Konkurrenz mit den Großkapitalisten
überschwemmt wird
et parce qu'elle est submergée par la concurrence avec les
grands capitalistes
zum Teil deshalb, weil ihr spezialisiertes Können durch die
neuen Produktionsmethoden wertlos wird
en partie parce que leur savoir-faire spécialisé est rendu sans
valeur par les nouvelles méthodes de production
So rekrutiert sich das Proletariat aus allen Klassen der
Bevölkerung
Ainsi le prolétariat se recrute dans toutes les classes de la
population
Das Proletariat durchläuft verschiedene Entwicklungsstufen
Le prolétariat passe par différents stades de développement
Mit ihrer Geburt beginnt der Kampf mit der Bourgeoisie
Avec sa naissance commence sa lutte contre la bourgeoisie
Zuerst wird der Kampf von einzelnen Arbeitern geführt
Dans un premier temps, la lutte est menée par des ouvriers
individuels
Dann wird der Kampf von den Arbeitern einer Fabrik
ausgetragen
Ensuite, le concours est mené par les ouvriers d'une usine
Dann wird der Kampf von den Arbeitern eines Gewerbes an
einem Ort ausgetragen
Ensuite, la lutte est menée par les agents d'un métier, dans une
localité
und der Kampf richtet sich dann gegen die einzelne
Bourgeoisie, die sie direkt ausbeutet
et la lutte est alors contre la bourgeoisie individuelle qui les
exploite directement
Sie richten ihre Angriffe nicht gegen die Bourgeoisie
Produktionsbedingungen

Ils ne dirigent pas leurs attaques contre les conditions de production de la bourgeoisie

aber sie richten ihren Angriff gegen die Produktionsmittel selbst

mais ils dirigent leur attaque contre les instruments de production eux-mêmes

Sie vernichten importierte Waren, die mit ihrer Arbeitskraft konkurrieren

Ils détruisent les marchandises importées qui font concurrence à leur main-d'œuvre

Sie zertrümmern Maschinen und setzen Fabriken in Brand

Ils brisent les machines et mettent le feu aux usines

sie versuchen, den verschwundenen Status des Arbeiters des Mittelalters mit Gewalt wiederherzustellen

ils cherchent à restaurer par la force le statut disparu de l'ouvrier du Moyen Âge

In diesem Stadium bilden die Arbeiter noch eine unzusammenhängende Masse, die über das ganze Land verstreut ist

À ce stade, les ouvriers forment encore une masse incohérente dispersée dans tout le pays

und sie werden durch ihre gegenseitige Konkurrenz zerrissen

et ils sont brisés par leur concurrence mutuelle

Wenn sie sich irgendwo zu kompakteren Körpern vereinigen, so ist dies noch nicht die Folge ihrer eigenen aktiven Vereinigung

S'ils s'unissent quelque part pour former des corps plus compacts, ce n'est pas encore la conséquence de leur propre union active

aber es ist eine Folge der Vereinigung der Bourgeoisie, ihre eigenen politischen Ziele zu erreichen

mais c'est une conséquence de l'union de la bourgeoisie, d'atteindre ses propres fins politiques

die Bourgeoisie ist gezwungen, das ganze Proletariat in Bewegung zu setzen

la bourgeoisie est obligée de mettre en mouvement tout le prolétariat

und überdies ist die Bourgeoisie eine Zeitlang dazu in der Lage

et d'ailleurs, pour un temps, la bourgeoisie est capable de le faire

In diesem Stadium kämpfen die Proletarier also nicht gegen ihre Feinde

À ce stade, les prolétaires ne combattent donc pas leurs ennemis

Stattdessen kämpfen sie gegen die Feinde ihrer Feinde

mais au lieu de cela, ils combattent les ennemis de leurs ennemis

Der Kampf gegen die Überreste der absoluten Monarchie und die Großgrundbesitzer

La lutte contre les vestiges de la monarchie absolue et les propriétaires terriens

sie bekämpfen die nicht-industrielle Bourgeoisie; das Kleiliche Bourgeoisie

ils combattent la bourgeoisie non industrielle ; la petite bourgeoisie

So ist die ganze historische Bewegung in den Händen der Bourgeoisie konzentriert

Ainsi tout le mouvement historique est concentré entre les mains de la bourgeoisie

jeder so errungene Sieg ist ein Sieg der Bourgeoisie

chaque victoire ainsi obtenue est une victoire pour la bourgeoisie

Aber mit der Entwicklung der Industrie wächst nicht nur die Zahl des Proletariats

Mais avec le développement de l'industrie, le prolétariat ne se contente pas d'augmenter en nombre

das Proletariat konzentriert sich in größeren Massen und seine Kraft wächst

le prolétariat se concentre en masses plus grandes et sa force s'accroît

und das Proletariat spürt diese Kraft mehr und mehr

et le prolétariat ressent de plus en plus cette force

Die verschiedenen Interessen und Lebensbedingungen in den Reihen des Proletariats gleichen sich mehr und mehr an

Les divers intérêts et conditions de vie dans les rangs du prolétariat sont de plus en plus égalisés

sie werden in dem Maße größer, wie die Maschinerie alle Unterschiede der Arbeit verwischt

elles deviennent plus proportionnelles à mesure que les machines effacent toutes les distinctions de travail

Und die Maschinen senken fast überall die Löhne auf das gleiche niedrige Niveau

et les machines réduisent presque partout les salaires au même bas niveau

Die wachsende Konkurrenz der Bourgeoisie und die daraus resultierenden Handelskrisen lassen die Löhne der Arbeiter immer schwankender

La concurrence croissante entre la bourgeoisie et les crises commerciales qui en résultent rendent les salaires des ouvriers de plus en plus fluctuants

Die unaufhörliche Verbesserung der sich immer schneller entwickelnden Maschinen macht ihren Lebensunterhalt immer prekärer

L'amélioration incessante des machines, qui se développe de plus en plus rapidement, rend leurs moyens d'existence de plus en plus précaires

die Kollisionen zwischen einzelnen Arbeitern und einzelnen Bourgeoisien nehmen immer mehr den Charakter von Zusammenstößen zwischen zwei Klassen an

les collisions entre les ouvriers individuels et la bourgeoisie individuelle prennent de plus en plus le caractère de collisions entre deux classes

Darauf beginnen die Arbeiter, sich gegen die Bourgeoisie zu verbünden (Gewerkschaften)

Là-dessus, les ouvriers commencent à former des associations (syndicats) contre la bourgeoisie

Sie schließen sich zusammen, um die Löhne hoch zu halten
Ils s'associent pour maintenir le taux des salaires
sie gründeten ständige Vereinigungen, um für diese
gelegentlichen Revolten im voraus Vorsorge zu treffen
Ils fondèrent des associations permanentes afin de pourvoir à
l'avance à ces révoltes occasionnelles
Hier und da bricht der Wettkampf in Ausschreitungen aus
Ici et là, la lutte éclate en émeutes
Hin und wieder siegen die Arbeiter, aber nur für eine
gewisse Zeit
De temps en temps, les ouvriers sont victorieux, mais
seulement pour un temps
Die wirkliche Frucht ihrer Kämpfe liegt nicht in den
unmittelbaren Ergebnissen, sondern in der immer größer
werdenden Vereinigung der Arbeiter
Le vrai fruit de leurs luttes n'est pas dans le résultat immédiat,
mais dans l'union toujours plus grande des travailleurs
Diese Vereinigung wird durch die verbesserten
Kommunikationsmittel unterstützt, die von der modernen
Industrie geschaffen werden
Cette union est favorisée par les moyens de communication
améliorés créés par l'industrie moderne
Die moderne Kommunikation bringt die Arbeiter
verschiedener Orte miteinander in Kontakt
La communication moderne met en contact les travailleurs de
différentes localités les uns avec les autres
Es war gerade dieser Kontakt, der nötig war, um die
zahlreichen lokalen Kämpfe zu einem nationalen Kampf
zwischen den Klassen zu zentralisieren
C'était précisément ce contact qui était nécessaire pour
centraliser les nombreuses luttes locales en une lutte nationale
entre les classes
Alle diese Kämpfe haben den gleichen Charakter, und jeder
Klassenkampf ist ein politischer Kampf
Toutes ces luttes sont du même caractère, et toute lutte de
classe est une lutte politique

die Bürger des Mittelalters mit ihren elenden Landstraßen brauchten Jahrhunderte, um ihre Vereinigungen zu bilden

les bourgeois du moyen âge, avec leurs misérables routes, mettaient des siècles à former leurs syndicats

Die modernen Proletarier erreichen dank der Eisenbahn ihre Gewerkschaften innerhalb weniger Jahre

Les prolétaires modernes, grâce aux chemins de fer, réalisent leurs syndicats en quelques années

Diese Organisation der Proletarier zu einer Klasse formte sie folglich zu einer politischen Partei

Cette organisation des prolétaires en classe les a donc formés en parti politique

Die politische Klasse wird immer wieder durch die Konkurrenz zwischen den Arbeitern selbst verärgert

La classe politique est continuellement bouleversée par la concurrence entre les travailleurs eux-mêmes

Aber die politische Klasse erhebt sich weiter, stärker, fester, mächtiger

Mais la classe politique continue de se soulever, plus forte, plus ferme, plus puissante

Er zwingt zur gesetzgeberischen Anerkennung der besonderen Interessen der Arbeitnehmer

Elle oblige la législation à reconnaître les intérêts particuliers des travailleurs

sie tut dies, indem sie sich die Spaltungen innerhalb der Bourgeoisie selbst zunutze macht

il le fait en profitant des divisions au sein de la bourgeoisie elle-même

Damit wurde das Zehnstundengesetz in England in Kraft gesetzt

C'est ainsi qu'en Angleterre fut promulguée la loi sur les dix heures

in vielerlei Hinsicht ist der Zusammenstoß zwischen den Klassen der alten Gesellschaft ferner der Entwicklungsgang des Proletariats

à bien des égards, les collisions entre les classes de l'ancienne société sont en outre le cours du développement du prolétariat

Die Bourgeoisie befindet sich in einem ständigen Kampf

La bourgeoisie se trouve engagée dans une bataille de tous les instants

Zuerst wird sie sich in einem ständigen Kampf mit der Aristokratie wiederfinden

Dans un premier temps, il se trouvera impliqué dans une bataille constante avec l'aristocratie

später wird sie sich in einem ständigen Kampf mit diesen Teilen der Bourgeoisie selbst wiederfinden

plus tard, elle se trouvera engagée dans une lutte constante avec ces parties de la bourgeoisie elle-même

und ihre Interessen werden dem Fortschritt der Industrie entgegengesetzt sein

et leurs intérêts seront devenus antagonistes au progrès de l'industrie

zu allen Zeiten werden ihre Interessen mit der Bourgeoisie fremder Länder in Konflikt geraten sein

à tout moment, leurs intérêts seront devenus antagonistes avec la bourgeoisie des pays étrangers

In allen diesen Kämpfen sieht sie sich genötigt, an das Proletariat zu appellieren, und bittet es um Hilfe

Dans toutes ces batailles, elle se voit obligée de faire appel au prolétariat et lui demande son aide

Und so wird sie sich gezwungen sehen, sie in die politische Arena zu zerren

Et ainsi, il se sentira obligé de l'entraîner dans l'arène politique

Die Bourgeoisie selbst versorgt also das Proletariat mit ihren eigenen Instrumenten der politischen und allgemeinen Erziehung

C'est pourquoi la bourgeoisie elle-même fournit au prolétariat ses propres instruments d'éducation politique et générale

mit anderen Worten, sie liefert dem Proletariat Waffen für den Kampf gegen die Bourgeoisie

c'est-à-dire qu'il fournit au prolétariat des armes pour
combattre la bourgeoisie

**Ferner werden, wie wir schon gesehen haben, ganze
Schichten der herrschenden Klassen in das Proletariat
hineingestürzt**

De plus, comme nous l'avons déjà vu, des sections entières des
classes dominantes sont précipitées dans le prolétariat

**der Fortschritt der Industrie saugt sie in das Proletariat
hinein**

le progrès de l'industrie les aspire dans le prolétariat

**oder zumindest sind sie in ihren Existenzbedingungen
bedroht**

ou, du moins, ils sont menacés dans leurs conditions
d'existence

**Diese versorgen auch das Proletariat mit frischen Elementen
der Aufklärung und des Fortschritts**

Ceux-ci fournissent également au prolétariat de nouveaux
éléments d'illumination et de progrès

**Endlich, in Zeiten, in denen sich der Klassenkampf der
entscheidenden Stunde nähert**

Enfin, à l'approche de l'heure décisive de la lutte des classes

Der Auflösungsprozess innerhalb der herrschenden Klasse

le processus de dissolution en cours au sein de la classe
dirigeante

**In der Tat wird die Auflösung, die sich innerhalb der
herrschenden Klasse vollzieht, in der gesamten Bandbreite
der Gesellschaft zu spüren sein**

En fait, la dissolution en cours au sein de la classe dirigeante
se fera sentir dans toute la société

**Sie wird einen so gewalttätigen, krassen Charakter
annehmen, dass ein kleiner Teil der herrschenden Klasse
sich selbst abtreibt**

Il prendra un caractère si violent et si flagrant qu'une petite
partie de la classe dirigeante se laissera aller à la dérive

**Und diese herrschende Klasse wird sich der revolutionären
Klasse anschließen**

et que la classe dirigeante rejoindra la classe révolutionnaire

Die revolutionäre Klasse ist die Klasse, die die Zukunft in ihren Händen hält

La classe révolutionnaire étant la classe qui tient l'avenir entre ses mains

Wie in früheren Zeiten ging ein Teil des Adels zur Bourgeoisie über

Comme à une époque antérieure, une partie de la noblesse passa dans la bourgeoisie

ebenso wird ein Teil der Bourgeoisie zum Proletariat übergehen

de la même manière qu'une partie de la bourgeoisie passera au prolétariat

insbesondere wird ein Teil der Bourgeoisie zu einem Teil der Bourgeoisie Ideologen übergehen

en particulier, une partie de la bourgeoisie passera à une partie des idéologues de la bourgeoisie

Bourgeoisie Ideologen, die sich auf die Ebene erhoben haben, die historische Bewegung als Ganzes theoretisch zu begreifen

Des idéologues bourgeois qui se sont élevés au niveau de la compréhension théorique du mouvement historique dans son ensemble

Von allen Klassen, die heute der Bourgeoisie gegenüberstehen, ist das Proletariat allein eine wirklich revolutionäre Klasse

De toutes les classes qui se trouvent aujourd'hui en face de la bourgeoisie, seule le prolétariat est une classe vraiment révolutionnaire

Die anderen Klassen zerfallen und verschwinden schließlich im Angesicht der modernen Industrie

Les autres classes se dégradent et finissent par disparaître devant l'industrie moderne

das Proletariat ist ihr besonderes und wesentliches Produkt

le prolétariat est son produit spécial et essentiel

Die untere Mittelschicht, der kleine Fabrikant, der Ladenbesitzer, der Handwerker, der Bauer

La petite bourgeoisie, le petit industriel, le commerçant, l'artisan, le paysan

all diese Kämpfe gegen die Bourgeoisie

toutes ces luttes contre la bourgeoisie

Sie kämpfen als Fraktionen der Mittelschicht, um sich vor dem Aussterben zu retten

Ils se battent en tant que fractions de la classe moyenne pour se sauver de l'extinction

Sie sind also nicht revolutionär, sondern konservativ

Ils ne sont donc pas révolutionnaires, mais conservateurs

Ja, mehr noch, sie sind reaktionär, denn sie versuchen, das Rad der Geschichte zurückzudrehen

Bien plus, ils sont réactionnaires, car ils essaient de faire reculer la roue de l'histoire

Wenn sie zufällig revolutionär sind, so sind sie es nur im Hinblick auf ihre bevorstehende Überführung in das Proletariat

Si par hasard ils sont révolutionnaires, ils ne le sont qu'en vue de leur transfert imminent dans le prolétariat

Sie verteidigen also nicht ihre gegenwärtigen, sondern ihre zukünftigen Interessen

Ils défendent ainsi non pas leurs intérêts présents, mais leurs intérêts futurs

sie verlassen ihren eigenen Standpunkt, um sich auf den des Proletariats zu stellen

ils désertent leur propre point de vue pour se placer à celui du prolétariat

Die »gefährliche Klasse«, der soziale Abschaum, diese passiv verrottende Masse, die von den untersten Schichten der alten Gesellschaft abgeworfen wird

La « classe dangereuse », la racaille sociale, cette masse en décomposition passive rejetée par les couches les plus basses de la vieille société

sie können hier und da von einer proletarischen Revolution in die Bewegung hineingerissen werden

Ils peuvent, ici et là, être entraînés dans le mouvement par une révolution prolétarienne

Seine Lebensbedingungen bereiten ihn jedoch viel mehr auf die Rolle eines bestochenen Werkzeugs reaktionärer Intrigen vor

Ses conditions de vie, cependant, le préparent beaucoup plus au rôle d'instrument soudoyé de l'intrigue réactionnaire

In den Verhältnissen des Proletariats sind die Verhältnisse der alten Gesellschaft im Allgemeinen bereits praktisch überschwemmt

Dans les conditions du prolétariat, ceux de l'ancienne société dans son ensemble sont déjà virtuellement submergés

Der Proletarier ist ohne Eigentum

Le prolétaire est sans propriété

sein Verhältnis zu Frau und Kindern hat mit den Familienverhältnissen der Bourgeoisie nichts mehr gemein

ses rapports avec sa femme et ses enfants n'ont plus rien de commun avec les relations familiales de la bourgeoisie

moderne industrielle Arbeit, moderne Unterwerfung unter das Kapital, dasselbe in England wie in Frankreich, in Amerika wie in Deutschland

le travail industriel moderne, la sujétion moderne au capital, la même en Angleterre qu'en France, en Amérique comme en Allemagne

Seine Stellung in der Gesellschaft hat ihm jede Spur von nationalem Charakter genommen

Sa condition dans la société l'a dépouillé de toute trace de caractère national

Gesetz, Moral, Religion sind für ihn so viele Bourgeoisie Vorurteile

La loi, la morale, la religion, sont pour lui autant de préjugés bourgeois

und hinter diesen Vorurteilen lauern ebenso viele Bourgeoisie Interessen

et derrière ces préjugés se cachent en embuscade autant
d'intérêts bourgeois

**Alle vorhergehenden Klassen, die die Oberhand gewannen,
versuchten, ihren bereits erworbenen Status zu festigen**

Toutes les classes précédentes, qui ont pris le dessus, ont
cherché à fortifier leur statut déjà acquis

**Sie taten dies, indem sie die Gesellschaft als Ganzes ihren
Aneignungsbedingungen unterwarfen**

Ils l'ont fait en soumettant la société dans son ensemble à leurs
conditions d'appropriation

**Die Proletarier können nicht Herren der Produktivkräfte der
Gesellschaft werden**

Les prolétaires ne peuvent pas devenir maîtres des forces
productives de la société

**Sie kann dies nur tun, indem sie ihre eigene bisherige
Aneignungsweise abschafft**

elle ne peut le faire qu'en abolissant son propre mode
d'appropriation antérieur

**Und damit hebt sie auch jede andere bisherige
Aneignungsweise auf**

et par là même elle abolit tout autre mode d'appropriation
antérieur

Sie haben nichts Eigenes zu sichern und zu festigen

Ils n'ont rien à eux pour s'assurer et se fortifier

**Ihre Aufgabe ist es, alle bisherigen Sicherheiten und
Versicherungen für individuelles Eigentum zu vernichten**

Leur mission est de détruire toutes les sûretés antérieures et
les assurances de biens individuels

**Alle bisherigen historischen Bewegungen waren
Bewegungen von Minderheiten**

Tous les mouvements historiques antérieurs étaient des
mouvements de minorités

**oder es handelte sich um Bewegungen im Interesse von
Minderheiten**

ou bien il s'agissait de mouvements dans l'intérêt des
minorités

Die proletarische Bewegung ist die selbstbewusste, selbständige Bewegung der ungeheuren Mehrheit

Le mouvement prolétarien est le mouvement conscient et indépendant de l'immense majorité

Und es ist eine Bewegung im Interesse der großen Mehrheit

Et c'est un mouvement dans l'intérêt de l'immense majorité

Das Proletariat, die unterste Schicht unserer heutigen Gesellschaft

Le prolétariat, couche la plus basse de notre société actuelle

Sie kann sich nicht regen oder erheben, ohne daß die ganze übergeordnete Schicht der offiziellen Gesellschaft in die Luft geschleudert wird

elle ne peut ni s'agiter ni s'élever sans que toutes les couches supérieures de la société officielle ne soient soulevées en l'air

Der Kampf des Proletariats mit der Bourgeoisie ist, wenn auch nicht der Substanz nach, doch zunächst ein nationaler Kampf

Loin d'être dans le fond, mais dans la forme, la lutte du prolétariat contre la bourgeoisie est d'abord une lutte nationale

Das Proletariat eines jeden Landes muss natürlich vor allem mit seiner eigenen Bourgeoisie abrechnen

Le prolétariat de chaque pays doit, bien entendu, régler d'abord ses affaires avec sa propre bourgeoisie

Indem wir die allgemeinsten Phasen der Entwicklung des Proletariats schilderten, verfolgten wir den mehr oder weniger verhüllten Bürgerkrieg

En décrivant les phases les plus générales du développement du prolétariat, nous avons retracé la guerre civile plus ou moins voilée

Diese Zivilgesellschaft wütet in der bestehenden Gesellschaft

Ce civil fait rage au sein de la société existante

Er wird bis zu dem Punkt wüten, an dem dieser Krieg in eine offene Revolution ausbricht

Elle fera rage jusqu'au point où cette guerre éclatera en
révolution ouverte

**und dann legt der gewaltsame Sturz der Bourgeoisie die
Grundlage für die Herrschaft des Proletariats**

et alors le renversement violent de la bourgeoisie jette les
bases de l'emprise du prolétariat

**Bisher beruhte jede Gesellschaftsform, wie wir bereits
gesehen haben, auf dem Antagonismus unterdrückender
und unterdrückter Klassen**

Jusqu'à présent, toute forme de société a été fondée, comme
nous l'avons déjà vu, sur l'antagonisme des classes
oppressives et opprimées

**Um aber eine Klasse zu unterdrücken, müssen ihr gewisse
Bedingungen zugesichert werden**

Mais pour opprimer une classe, il faut lui assurer certaines
conditions

**Die Klasse muss unter Bedingungen gehalten werden, unter
denen sie wenigstens ihre sklavische Existenz fortsetzen
kann**

La classe doit être maintenue dans des conditions dans
lesquelles elle peut, au moins, continuer son existence servile

**Der Leibeigene erhob sich in der Zeit der Leibeigenschaft
zum Mitglied der Kommune**

Le serf, à l'époque du servage, s'élevait lui-même au rang
d'adhérent à la commune

**so wie es dem Kleinbourgeoisie unter dem Joch des
feudalen Absolutismus gelang, sich zur Bourgeoisie zu
entwickeln**

de même que la petite bourgeoisie, sous le joug de
l'absolutisme féodal, a réussi à se développer en bourgeoisie

**Der moderne Arbeiter dagegen sinkt, anstatt sich mit dem
Fortschritt der Industrie zu erheben, immer tiefer**

L'ouvrier moderne, au contraire, au lieu de s'élever avec les
progrès de l'industrie, s'enfonce de plus en plus
profondément

Er sinkt unter die Existenzbedingungen seiner eigenen Klasse

il s'enfonce au-dessous des conditions d'existence de sa propre classe

Er wird ein Bettler, und der Pauperismus entwickelt sich schneller als Bevölkerung und Reichtum

Il devient pauvre, et le paupérisme se développe plus rapidement que la population et la richesse

Und hier zeigt sich, dass die Bourgeoisie nicht mehr geeignet ist, die herrschende Klasse in der Gesellschaft zu sein

Et c'est là qu'il devient évident que la bourgeoisie n'est plus apte à être la classe dominante dans la société

und sie ist ungeeignet, der Gesellschaft ihre Existenzbedingungen als übergeordnetes Gesetz aufzuzwingen

et elle n'est pas digne d'imposer ses conditions d'existence à la société comme une loi prépondérante

Sie ist unfähig zu herrschen, weil sie unfähig ist, ihrem Sklaven in seiner Sklaverei eine Existenz zu sichern

Il est inapte à gouverner parce qu'il est incompétent pour assurer une existence à son esclave dans son esclavage

denn sie kann nicht anders, als ihn in einen solchen Zustand sinken zu lassen, daß sie ihn ernähren muss, statt von ihm gefüttert zu werden

parce qu'il ne peut s'empêcher de le laisser sombrer dans un tel état, qu'il doit le nourrir, au lieu d'être nourri par lui

Die Gesellschaft kann nicht länger unter dieser Bourgeoisie leben

La société ne peut plus vivre sous cette bourgeoisie

Mit anderen Worten, ihre Existenz ist nicht mehr mit der Gesellschaft vereinbar

En d'autres termes, son existence n'est plus compatible avec la société

Die wesentliche Bedingung für die Existenz und die Herrschaft der Bourgeoisie Klasse ist die Bildung und Vermehrung des Kapitals

La condition essentielle de l'existence et de l'influence de la classe bourgeoise est la formation et l'accroissement du capital

Die Bedingung für das Kapital ist Lohnarbeit

La condition du capital, c'est le salariat-travail

Die Lohnarbeit beruht ausschließlich auf der Konkurrenz zwischen den Arbeitern

Le travail salarié repose exclusivement sur la concurrence entre les travailleurs

Der Fortschritt der Industrie, deren unfreiwilliger Förderer die Bourgeoisie ist, tritt an die Stelle der Isolierung der Arbeiter

Le progrès de l'industrie, dont le promoteur involontaire est la bourgeoisie, remplace l'isolement des ouvriers

durch die Konkurrenz, durch ihre revolutionäre Kombination, durch die Assoziation

en raison de la concurrence, en raison de leur combinaison révolutionnaire, en raison de l'association

Die Entwicklung der modernen Industrie schneidet ihr die Grundlage unter den Füßen weg, auf der die Bourgeoisie Produkte produziert und sich aneignet

Le développement de l'industrie moderne lui coupe sous les pieds les fondements mêmes sur lesquels la bourgeoisie produit et s'approprie les produits

Was die Bourgeoisie vor allem produziert, sind ihre eigenen Totengräber

Ce que la bourgeoisie produit avant tout, ce sont ses propres fossoyeurs

Der Sturz der Bourgeoisie und der Sieg des Proletariats sind gleichermaßen unvermeidlich

La chute de la bourgeoisie et la victoire du prolétariat sont également inévitables

Proletarier und Kommunisten
Prolétaires et communistes

In welchem Verhältnis stehen die Kommunisten zu den Proletariern insgesamt?

Quel est le rapport des communistes vis-à-vis de l'ensemble des prolétaires ?

Die Kommunisten bilden keine eigene Partei, die anderen Arbeiterparteien entgegengesetzt ist

Les communistes ne forment pas un parti séparé opposé aux autres partis de la classe ouvrière

Sie haben keine Interessen, die von denen des Proletariats als Ganzes getrennt und getrennt sind

Ils n'ont pas d'intérêts séparés de ceux du prolétariat dans son ensemble

Sie stellen keine eigenen sektiererischen Prinzipien auf, nach denen sie die proletarische Bewegung formen und formen könnten

. Ils n'établissent pas de principes sectaires qui leur soient propres pour façonner et modeler le mouvement prolétarien

Die Kommunisten unterscheiden sich von den anderen Arbeiterparteien nur durch zwei Dinge

Les communistes ne se distinguent des autres partis ouvriers que par deux choses

Erstens: Sie weisen auf die gemeinsamen Interessen des gesamten Proletariats hin und bringen sie in den Vordergrund, unabhängig von jeder Nationalität

Premièrement, ils signalent et mettent en avant les intérêts communs de l'ensemble du prolétariat, indépendamment de toute nationalité

Das tun sie in den nationalen Kämpfen der Proletarier der verschiedenen Länder

C'est ce qu'ils font dans les luttes nationales des prolétaires des différents pays

Zweitens vertreten sie immer und überall die Interessen der gesamten Bewegung

Deuxièmement, ils représentent toujours et partout les intérêts du mouvement dans son ensemble

das tun sie in den verschiedenen Entwicklungsstadien, die der Kampf der Arbeiterklasse gegen die Bourgeoisie zu durchlaufen hat

c'est ce qu'ils font dans les différents stades de développement par lesquels doit passer la lutte de la classe ouvrière contre la bourgeoisie

Die Kommunisten sind also auf der einen Seite praktisch der fortschrittlichste und entschiedenste Teil der Arbeiterparteien eines jeden Landes

Les communistes sont donc, d'une part, pratiquement, la section la plus avancée et la plus résolue des partis ouvriers de tous les pays

Sie sind der Teil der Arbeiterklasse, der alle anderen vorantreibt

Ils sont cette section de la classe ouvrière qui pousse en avant toutes les autres

Theoretisch haben sie auch den Vorteil, dass sie die Marschlinie klar verstehen

Théoriquement, ils ont aussi l'avantage de bien comprendre la ligne de marche

Das verstehen sie besser im Vergleich zu der großen Masse des Proletariats

C'est ce qu'ils comprennent mieux par rapport à la grande masse du prolétariat

Sie verstehen die Bedingungen und die letzten allgemeinen Ergebnisse der proletarischen Bewegung

Ils comprennent les conditions et les résultats généraux ultimes du mouvement prolétarien

Das unmittelbare Ziel des Kommunisten ist dasselbe wie das aller anderen proletarischen Parteien

Le but immédiat du Parti communiste est le même que celui de tous les autres partis prolétariens

Ihr Ziel ist die Formierung des Proletariats zu einer Klasse

Leur but est la formation du prolétariat en classe

**sie zielen darauf ab, die Vorherrschaft der Bourgeoisie zu
stürzen**

ils visent à renverser la suprématie de la bourgeoisie

**das Streben nach politischer Machteroberung durch das
Proletariat**

la conquête du pouvoir politique par le prolétariat

**Die theoretischen Schlußfolgerungen der Kommunisten
beruhen in keiner Weise auf Ideen oder Prinzipien der
Reformer**

Les conclusions théoriques des communistes ne sont
nullement basées sur des idées ou des principes de
réformateurs

**es waren keine Möchtegern-Universalreformer, die die
theoretischen Schlussfolgerungen der Kommunisten
erfunden oder entdeckt haben**

ce ne sont pas des prétendus réformateurs universels qui ont
inventé ou découvert les conclusions théoriques des
communistes

**Sie drücken lediglich in allgemeinen Begriffen tatsächliche
Verhältnisse aus, die aus einem bestehenden Klassenkampf
hervorgehen**

Ils ne font qu'exprimer, en termes généraux, des rapports réels
qui naissent d'une lutte de classe existante

**Und sie beschreiben die historische Bewegung, die sich
unter unseren Augen abspielt und die diesen Klassenkampf
hervorgebracht hat**

Et ils décrivent le mouvement historique qui se déroule sous
nos yeux et qui a créé cette lutte des classes

**Die Abschaffung bestehender Eigentumsverhältnisse ist
keineswegs ein charakteristisches Merkmal des
Kommunismus**

L'abolition des rapports de propriété existants n'est pas du
tout un trait distinctif du communisme

**Alle Eigentumsverhältnisse in der Vergangenheit waren
einem ständigen historischen Wandel unterworfen**

Dans le passé, toutes les relations de propriété ont été
continuellement sujettes à des changements historiques
Und diese Veränderungen waren eine Folge der
Veränderung der historischen Bedingungen
et ces changements ont été consécutifs au changement des
conditions historiques
Die Französische Revolution zum Beispiel schaffte das
Feudaleigentum zugunsten des Bourgeoisie Eigentums ab
La Révolution française, par exemple, a aboli la propriété
féodale au profit de la propriété bourgeoise
Das Unterscheidungsmerkmal des Kommunismus ist nicht
die Abschaffung des Eigentums im Allgemeinen
Le trait distinctif du communisme n'est pas l'abolition de la
propriété, en général
aber das Unterscheidungsmerkmal des Kommunismus ist
die Abschaffung des Bourgeoisie Eigentums
mais le trait distinctif du communisme, c'est l'abolition de la
propriété bourgeoise
Aber das Privateigentum der modernen Bourgeoisie ist der
letzte und vollständigste Ausdruck des Systems der
Produktion und Aneignung von Produkten
Mais la propriété privée de la bourgeoisie moderne est
l'expression ultime et la plus complète du système de
production et d'appropriation des produits
Es ist der Endzustand eines Systems, das auf
Klassengegensätzen beruht, wobei der
Klassenantagonismus die Ausbeutung der Vielen durch die
Wenigen ist
C'est l'état final d'un système basé sur les antagonismes de
classe, où l'antagonisme de classe est l'exploitation du plus
grand nombre par quelques-uns
In diesem Sinne läßt sich die Theorie der Kommunisten in
einem einzigen Satz zusammenfassen; die Abschaffung des
Privateigentums
En ce sens, la théorie des communistes peut se résumer en une
seule phrase ; l'abolition de la propriété privée

Uns Kommunisten hat man vorgeworfen, das Recht auf persönlichen Eigentumserwerb abschaffen zu wollen

On nous a reproché, à nous communistes, de vouloir abolir le droit d'acquérir personnellement des biens

Es wird behauptet, dass diese Eigenschaft die Frucht der eigenen Arbeit eines Menschen ist

On prétend que cette propriété est le fruit du travail de l'homme

Und diese Eigenschaft soll die Grundlage aller persönlichen Freiheit, Aktivität und Unabhängigkeit sein.

et cette propriété est censée être le fondement de toute liberté, de toute activité et de toute indépendance individuelles.

"Hart erkämpftes, selbst erworbenes, selbst verdientes Eigentum!"

« Propriété durement gagnée, auto-acquise, auto-gagnée ! »

Meinst du das Eigentum des kleinen Handwerkers und des Kleinbauern?

Voulez-vous dire la propriété du petit artisan et du petit paysan ?

Meinen Sie eine Form des Eigentums, die der Bourgeoisie Form vorausging?

Voulez-vous parler d'une forme de propriété qui a précédé la forme bourgeoise ?

Es ist nicht nötig, sie abzuschaffen, die Entwicklung der Industrie hat sie zum großen Teil bereits zerstört

Il n'est pas nécessaire de l'abolir, le développement de l'industrie l'a déjà détruit dans une large mesure

Und die Entwicklung der Industrie zerstört sie immer noch täglich

et le développement de l'industrie continue de la détruire chaque jour

Oder meinen Sie das moderne Bourgeoisie Privateigentum?

Ou voulez-vous parler de la propriété privée de la bourgeoisie moderne ?

Aber schafft die Lohnarbeit irgendein Eigentum für den Arbeiter?

Mais le travail salarié crée-t-il une propriété pour l'ouvrier ?
Nein, die Lohnarbeit schafft nicht ein bisschen von dieser Art von Eigentum!
Non, le travail salarié ne crée pas une parcelle de ce genre de propriété !
Was Lohnarbeit schafft, ist Kapital; jene Art von Eigentum, das Lohnarbeit ausbeutet
Ce que le travail salarié crée, c'est du capital ; ce genre de propriété qui exploite le travail salarié
Das Kapital kann sich nur unter der Bedingung vermehren, daß es ein neues Angebot an Lohnarbeit für neue Ausbeutung erzeugt
Le capital ne peut s'accroître qu'à la condition d'engendrer une nouvelle offre de travail salarié pour une nouvelle exploitation
Das Eigentum in seiner jetzigen Form beruht auf dem Antagonismus von Kapital und Lohnarbeit
La propriété, dans sa forme actuelle, est fondée sur l'antagonisme du capital et du salariat
Betrachten wir beide Seiten dieses Antagonismus
Examinons les deux côtés de cet antagonisme
Kapitalist zu sein bedeutet nicht nur, einen rein persönlichen Status zu haben
Être capitaliste, ce n'est pas seulement avoir un statut purement personnel
Stattdessen bedeutet Kapitalist zu sein auch, einen sozialen Status in der Produktion zu haben
Au contraire, être capitaliste, c'est aussi avoir un statut social dans la production
weil Kapital ein kollektives Produkt ist; Nur durch das gemeinsame Handeln vieler Mitglieder kann sie in Gang gesetzt werden
parce que le capital est un produit collectif ; Ce n'est que par l'action unie de nombreux membres qu'elle peut être mise en branle

Aber dieses gemeinsame Handeln ist der letzte Ausweg und erfordert eigentlich alle Mitglieder der Gesellschaft

Mais cette action unie n'est qu'un dernier recours, et nécessite en fait tous les membres de la société

Das Kapital verwandelt sich in das Eigentum aller Mitglieder der Gesellschaft

Le capital est converti en propriété de tous les membres de la société

aber das Kapital ist also keine persönliche Macht; Es ist eine gesellschaftliche Macht

mais le Capital n'est donc pas une puissance personnelle ; c'est un pouvoir social

Wenn also Kapital in gesellschaftliches Eigentum umgewandelt wird, so verwandelt sich dadurch nicht persönliches Eigentum in gesellschaftliches Eigentum

Ainsi, lorsque le capital est converti en propriété sociale, la propriété personnelle n'est pas pour autant transformée en propriété sociale

Nur der gesellschaftliche Charakter des Eigentums wird verändert und verliert seinen Klassencharakter

Ce n'est que le caractère social de la propriété qui est modifié et qui perd son caractère de classe

Betrachten wir nun die Lohnarbeit

Regardons maintenant le travail salarié

Der Durchschnittspreis der Lohnarbeit ist der Mindestlohn, d.h. das Quantum der Lebensmittel

Le prix moyen du salariat est le salaire minimum, c'est-à-dire le quantum des moyens de subsistance

Dieser Lohn ist für die bloße Existenz als Arbeiter absolut notwendig

Ce salaire est absolument nécessaire dans la simple existence d'un ouvrier

Was sich also der Lohnarbeiter durch seine Arbeit aneignet, genügt nur, um ein bloßes Dasein zu verlängern und zu reproduzieren

Ce que le salarié s'approprie par son travail ne suffit donc qu'à prolonger et à reproduire une existence nue

Wir beabsichtigen keineswegs, diese persönliche Aneignung der Arbeitsprodukte abzuschaffen

Nous n'avons nullement l'intention d'abolir cette appropriation personnelle des produits du travail

eine Aneignung, die für die Erhaltung und Reproduktion des menschlichen Lebens bestimmt ist

une appropriation qui est faite pour le maintien et la reproduction de la vie humaine

Eine solche persönliche Aneignung der Arbeitsprodukte lässt keinen Überschuss übrig, mit dem man die Arbeit anderer befehlen könnte

Une telle appropriation personnelle des produits du travail ne laisse pas de surplus pour commander le travail d'autrui

Alles, was wir beseitigen wollen, ist der erbärmliche Charakter dieser Aneignung

Tout ce que nous voulons supprimer, c'est le caractère misérable de cette appropriation

die Aneignung, unter der der Arbeiter lebt, bloß um das Kapital zu vermehren

l'appropriation dont vit l'ouvrier dans le seul but d'augmenter son capital

Er darf nur leben, soweit es das Interesse der herrschenden Klasse erfordert

Il n'est autorisé à vivre que dans la mesure où l'intérêt de la classe dominante l'exige

In der Bourgeoisie Gesellschaft ist die lebendige Arbeit nur ein Mittel, um die akkumulierte Arbeit zu vermehren

Dans la société bourgeoise, le travail vivant n'est qu'un moyen d'augmenter le travail accumulé

In der kommunistischen Gesellschaft ist die akkumulierte Arbeit nur ein Mittel, um die Existenz des Arbeiters zu erweitern, zu bereichern und zu fördern

Dans la société communiste, le travail accumulé n'est qu'un moyen d'élargir, d'enrichir, de promouvoir l'existence de l'ouvrier

In der Bourgeoisie Gesellschaft dominiert daher die Vergangenheit die Gegenwart

C'est pourquoi, dans la société bourgeoise, le passé domine le présent

In der kommunistischen Gesellschaft dominiert die Gegenwart die Vergangenheit

dans la société communiste, le présent domine le passé

In der Bourgeoisie Gesellschaft ist das Kapital unabhängig und hat Individualität

Dans la société bourgeoise, le capital est indépendant et a une individualité

In der Bourgeoisie Gesellschaft ist der lebende Mensch abhängig und hat keine Individualität

Dans la société bourgeoise, la personne vivante est dépendante et n'a pas d'individualité

Und die Abschaffung dieses Zustandes wird von der Bourgeoisie als Abschaffung der Individualität und Freiheit bezeichnet!

Et l'abolition de cet état de choses est appelée par la bourgeoisie l'abolition de l'individualité et de la liberté !

Und man nennt sie mit Recht die Abschaffung von Individualität und Freiheit!

Et c'est à juste titre qu'on l'appelle l'abolition de l'individualité et de la liberté !

Der Kommunismus strebt die Abschaffung der Bourgeoisie Individualität an

Le communisme vise à l'abolition de l'individualité bourgeoise

Der Kommunismus strebt die Abschaffung der Unabhängigkeit der Bourgeoisie an

Le communisme veut l'abolition de l'indépendance de la bourgeoisie

Die BourgeoisieFreiheit ist zweifellos das, was der Kommunismus anstrebt

La liberté de la bourgeoisie est sans aucun doute ce que vise le communisme

unter den gegenwärtigen Bourgeoisie Produktionsbedingungen bedeutet Freiheit freien Handel, freien Verkauf und freien Kauf

dans les conditions actuelles de production de la bourgeoisie, la liberté signifie le libre-échange, la liberté de vendre et d'acheter

Aber wenn das Verkaufen und Kaufen verschwindet, verschwindet auch das freie Verkaufen und Kaufen

Mais si la vente et l'achat disparaissent, la vente et l'achat gratuits disparaissent également

"Mutige Worte" der Bourgeoisie über den freien Verkauf und Kauf haben nur eine begrenzte Bedeutung

Les « paroles courageuses » de la bourgeoisie sur la vente et l'achat libres n'ont qu'un sens limité

Diese Worte haben nur im Gegensatz zu eingeschränktem Verkauf und Kauf eine Bedeutung

Ces mots n'ont de sens que par opposition à la vente et à l'achat restreints

und diese Worte haben nur dann eine Bedeutung, wenn sie auf die gefesselten Händler des Mittelalters angewandt werden

et ces mots n'ont de sens que lorsqu'ils s'appliquent aux marchands enchaînés du moyen âge

und das setzt voraus, dass diese Worte überhaupt eine Bedeutung im Bourgeoisie Sinne haben

et cela suppose que ces mots aient même un sens dans un sens bourgeois

aber diese Worte haben keine Bedeutung, wenn sie gebraucht werden, um sich gegen die kommunistische Abschaffung des Kaufens und Verkaufens zu wehren

mais ces mots n'ont aucun sens lorsqu'ils sont utilisés pour s'opposer à l'abolition communiste de l'achat et de la vente

die Worte haben keine Bedeutung, wenn sie gebraucht werden, um sich gegen die Abschaffung der Bourgeoisie Produktionsbedingungen zu wehren

les mots n'ont pas de sens lorsqu'ils sont utilisés pour s'opposer à l'abolition des conditions de production de la bourgeoisie

und sie haben keine Bedeutung, wenn sie benutzt werden, um sich gegen die Abschaffung der Bourgeoisie selbst zu wehren

et ils n'ont aucun sens lorsqu'ils sont utilisés pour s'opposer à l'abolition de la bourgeoisie elle-même

Sie sind entsetzt über unsere Absicht, das Privateigentum abzuschaffen

Vous êtes horrifiés par notre intention d'en finir avec la propriété privée

Aber in eurer jetzigen Gesellschaft ist das Privateigentum für neun Zehntel der Bevölkerung bereits abgeschafft

Mais dans votre société actuelle, la propriété privée est déjà abolie pour les neuf dixièmes de la population

Die Existenz des Privateigentums für einige wenige beruht einzig und allein darauf, dass es in den Händen von neun Zehnteln der Bevölkerung nicht existiert

L'existence d'une propriété privée pour quelques-uns est uniquement due à sa non-existence entre les mains des neuf dixièmes de la population

Sie werfen uns also vor, daß wir eine Form des Eigentums abschaffen wollen

Vous nous reprochez donc d'avoir l'intention de supprimer une forme de propriété

Aber das Privateigentum erfordert für die ungeheure Mehrheit der Gesellschaft die Nichtexistenz jeglichen Eigentums

Mais la propriété privée nécessite l'inexistence de toute propriété pour l'immense majorité de la société

Mit einem Wort, Sie werfen uns vor, daß wir Ihr Eigentum beseitigen wollen

En un mot, vous nous reprochez d'avoir l'intention de vous débarrasser de vos biens

Und genau so ist es; Ihr Eigentum abzuschaffen, ist genau das, was wir beabsichtigen

Et c'est précisément le cas ; se débarrasser de votre propriété est exactement ce que nous avons l'intention de faire

Von dem Augenblick an, wo die Arbeit nicht mehr in Kapital, Geld oder Rente verwandelt werden kann

À partir du moment où le travail ne peut plus être converti en capital, en argent ou en rente

wenn die Arbeit nicht mehr in eine gesellschaftliche Macht umgewandelt werden kann, die monopolisiert werden kann

quand le travail ne peut plus être converti en un pouvoir social monopolisé

von dem Augenblick an, wo das individuelle Eigentum nicht mehr in Bourgeoisie Eigentum verwandelt werden kann

à partir du moment où la propriété individuelle ne peut plus être transformée en propriété bourgeoise

von dem Augenblick an, wo das individuelle Eigentum nicht mehr in Kapital verwandelt werden kann

à partir du moment où la propriété individuelle ne peut plus être transformée en capital

Von diesem Moment an sagst du, dass die Individualität verschwindet

À partir de ce moment-là, vous dites que l'individualité s'évanouit

Sie müssen also gestehen, daß Sie mit »Individuum« keine andere Person meinen als die Bourgeoisie

Vous devez donc avouer que par « individu » vous n'entendez personne d'autre que la bourgeoisie

Sie müssen zugeben, dass es sich speziell auf den Bourgeoisie Eigentümer von Immobilien bezieht

Vous devez avouer qu'il s'agit spécifiquement du propriétaire de la classe moyenne

Diese Person muss in der Tat aus dem Weg geräumt und unmöglich gemacht werden

Cette personne doit, en effet, être balayée et rendue impossible

Der Kommunismus beraubt niemanden der Macht, sich die Produkte der Gesellschaft anzueignen

Le communisme ne prive personne du pouvoir de s'approprier les produits de la société

Alles, was der Kommunismus tut, ist, ihm die Macht zu nehmen, die Arbeit anderer durch eine solche Aneignung zu unterjochen

tout ce que fait le communisme, c'est de le priver du pouvoir de subjuguer le travail d'autrui au moyen d'une telle appropriation

Man hat eingewendet, daß mit der Abschaffung des Privateigentums alle Arbeit aufhören werde

On a objecté qu'avec l'abolition de la propriété privée, tout travail cesserait

Und dann wird suggeriert, dass uns die universelle Faulheit überwältigen wird

et il est alors suggéré que la paresse universelle nous rattrapera

Demnach hätte die BourgeoisieGesellschaft schon längst vor lauter Müßiggang vor die Hunde gehen müssen

D'après cela, il y a longtemps que la société bourgeoise aurait dû aller aux chiens par pure oisiveté

denn diejenigen ihrer Mitglieder, die arbeiten, erwerben nichts

parce que ceux de ses membres qui travaillent, n'acquièrent rien

und diejenigen von ihren Mitgliedern, die etwas erwerben, arbeiten nicht

et ceux de ses membres qui acquièrent quoi que ce soit, ne travaillent pas

Der ganze Einwand ist nur ein weiterer Ausdruck der Tautologie

L'ensemble de cette objection n'est qu'une autre expression de la tautologie

Es kann keine Lohnarbeit mehr geben, wenn es kein Kapital mehr gibt

Il ne peut plus y avoir de travail salarié quand il n'y a plus de capital

Es gibt keinen Unterschied zwischen materiellen und mentalen Produkten

Il n'y a pas de différence entre les produits matériels et les produits mentaux

Der Kommunismus schlägt vor, dass beides auf die gleiche Weise produziert wird

Le communisme propose que les deux soient produits de la même manière

aber die Einwände gegen die kommunistischen Produktionsweisen sind dieselben

mais les objections contre les modes communistes de production sont les mêmes

Für die Bourgeoisie ist das Verschwinden des Klasseneigentums das Verschwinden der Produktion selbst

pour la bourgeoisie, la disparition de la propriété de classe est la disparition de la production elle-même

So ist für ihn das Verschwinden der Klassenkultur identisch mit dem Verschwinden aller Kultur

Ainsi, la disparition de la culture de classe est pour lui identique à la disparition de toute culture

Diese Kultur, deren Verlust er beklagt, ist für die überwiegende Mehrheit ein bloßes Training, um als Maschine zu agieren

Cette culture, dont il déplore la perte, n'est pour l'immense majorité qu'un simple entraînement à agir comme une machine

Die Kommunisten haben die Absicht, die Kultur des Bourgeoisie Eigentums abzuschaffen

Les communistes ont bien l'intention d'abolir la culture de la propriété bourgeoise

Aber zankt euch nicht mit uns, solange ihr den Maßstab
eurer Bourgeoisie Vorstellungen von Freiheit, Kultur, Recht
usw. anlegt

Mais ne vous querellez pas avec nous tant que vous appliquez
les normes de vos notions bourgeoises de liberté, de culture,
de droit, etc

Eure Ideen selbst sind nur die Auswüchse der Bedingungen
eurer Bourgeoisie Produktion und eures Bourgeoisie
Eigentums

Vos idées mêmes ne sont que le résultat des conditions de
votre production bourgeoise et de la propriété bourgeoise

so wie eure Jurisprudenz nichts anderes ist als der Wille
eurer Klasse, der zum Gesetz für alle gemacht wurde

de même que votre jurisprudence n'est que la volonté de votre
classe érigée en loi pour tous

Der wesentliche Charakter und die Richtung dieses Willens
werden durch die ökonomischen Bedingungen bestimmt,
die Ihre soziale Klasse schafft

Le caractère essentiel et l'orientation de cette volonté sont
déterminés par les conditions économiques créées par votre
classe sociale

Der selbstsüchtige Irrtum, der dich veranlaßt, soziale
Formen in ewige Gesetze der Natur und der Vernunft zu
verwandeln

L'idée fausse égoïste qui vous pousse à transformer les formes
sociales en lois éternelles de la nature et de la raison

die gesellschaftlichen Formen, die aus eurer gegenwärtigen
Produktionsweise und Eigentumsform entspringen

les formes sociales qui découlent de votre mode de production
et de votre forme de propriété actuels

historische Beziehungen, die im Fortschritt der Produktion
auf- und verschwinden

des rapports historiques qui naissent et disparaissent dans le
progrès de la production

Dieses Missverständnis teilt ihr mit jeder herrschenden
Klasse, die euch vorausgegangen ist

cette idée fausse que vous partagez avec toutes les classes
dirigeantes qui vous ont précédés

**Was Sie bei antikem Eigentum klar sehen, was Sie bei
feudalem Eigentum zugeben**

Ce que vous voyez clairement dans le cas de la propriété
ancienne, ce que vous admettez dans le cas de la propriété
féodale

**diese Dinge dürfen Sie natürlich nicht zugeben, wenn es
sich um Ihre eigene BourgeoisieEigentumsform handelt**

ces choses, il vous est bien entendu interdit de les admettre
dans le cas de votre propre forme de propriété bourgeoise

**Abschaffung der Familie! Selbst die Radikalsten entrüsten
sich über diesen infamen Vorschlag der Kommunisten**

Abolition de la famille ! Même les plus radicaux s'enflamment
devant cette infâme proposition des communistes

**Auf welcher Grundlage beruht die heutige Familie, die
BourgeoisieFamilie?**

Sur quelle base se fonde la famille actuelle, la famille
bourgeoise ?

**Die Gründung der heutigen Familie beruht auf Kapital und
privatem Gewinn**

La fondation de la famille actuelle est basée sur le capital et le
gain privé

**In ihrer voll entwickelten Form existiert diese Familie nur
unter der Bourgeoisie**

Sous sa forme complètement développée, cette famille n'existe
que dans la bourgeoisie

**Dieser Zustand der Dinge findet seine Ergänzung in der
praktischen Abwesenheit der Familie bei den Proletariern**

Cet état de choses trouve son complément dans l'absence
pratique de la famille chez les prolétaires

Dieser Zustand ist in der öffentlichen Prostitution zu finden

Cet état de choses se retrouve dans la prostitution publique

**Die BourgeoisieFamilie wird wie selbstverständlich
verschwinden, wenn ihr Komplement verschwindet**

La famille bourgeoise disparaîtra d'office quand son effectif
disparaîtra
Und beides wird mit dem Verschwinden des Kapitals
verschwinden
et l'une et l'autre s'évanouiront avec la disparition du capital
Werfen Sie uns vor, dass wir die Ausbeutung von Kindern
durch ihre Eltern stoppen wollen?
Nous accusez-vous de vouloir mettre fin à l'exploitation des
enfants par leurs parents ?
Diesem Verbrechen bekennen wir uns schuldig
Nous plaidons coupables de ce crime
Aber, werden Sie sagen, wir zerstören die heiligsten
Beziehungen, wenn wir die häusliche Erziehung durch die
soziale Erziehung ersetzen
Mais, direz-vous, on détruit les relations les plus sacrées,
quand on remplace l'éducation à domicile par l'éducation
sociale
Ist Ihre Erziehung nicht auch sozial? Und wird sie nicht von
den gesellschaftlichen Bedingungen bestimmt, unter denen
man erzieht?
Votre éducation n'est-elle pas aussi sociale ? Et n'est-elle pas
déterminée par les conditions sociales dans lesquelles vous
éduquez ?
durch direkte oder indirekte Eingriffe in die Gesellschaft,
durch Schulen usw.
par l'intervention, directe ou indirecte, de la société, par le
biais de l'école, etc.
Die Kommunisten haben die Einmischung der Gesellschaft
in die Erziehung nicht erfunden
Les communistes n'ont pas inventé l'intervention de la société
dans l'éducation
Sie versuchen lediglich, den Charakter dieses Eingriffs zu
ändern
ils ne cherchent qu'à modifier le caractère de cette intervention
Und sie versuchen, das Bildungswesen vor dem Einfluss der
herrschenden Klasse zu retten

et ils cherchent à sauver l'éducation de l'influence de la classe dirigeante

Die Bourgeoisie spricht von der geheiligten Beziehung von Eltern und Kind

La bourgeoisie parle de la relation sacrée du parent et de l'enfant

aber dieses Geschwätz über die Familie und die Erziehung wird um so widerwärtiger, wenn wir die moderne Industrie betrachten

mais ce baratin sur la famille et l'éducation devient d'autant plus répugnant quand on regarde l'industrie moderne

Alle Familienbande unter den Proletariern werden durch die moderne Industrie zerrissen

Tous les liens familiaux entre les prolétaires sont déchirés par l'industrie moderne

ihre Kinder werden zu einfachen Handelsartikeln und Arbeitsinstrumenten

Leurs enfants sont transformés en simples objets de commerce et en instruments de travail

Aber ihr Kommunisten würdet eine Gemeinschaft von Frauen schaffen, schreit die ganze Bourgeoisie im Chor

Mais vous, communistes, vous créeriez une communauté de femmes, crie en chœur toute la bourgeoisie

Die Bourgeoisie sieht in seiner Frau ein bloßes Produktionsinstrument

La bourgeoisie ne voit en sa femme qu'un instrument de production

Er hört, dass die Produktionsmittel von allen ausgebeutet werden sollen

Il entend dire que les instruments de production doivent être exploités par tous

Und natürlich kann er zu keinem anderen Schluß kommen, als daß das Los, allen gemeinsam zu sein, auch den Frauen zufallen wird

et, naturellement, il ne peut arriver à aucune autre conclusion que celle d'être commun à tous retombera également sur les femmes

Er hat nicht einmal den geringsten Verdacht, dass es in Wirklichkeit darum geht, die Stellung der Frau als bloße Produktionsinstrumente abzuschaffen

Il ne soupçonne même pas qu'il s'agit en fait d'en finir avec le statut de la femme en tant que simple instrument de production

Im übrigen ist nichts lächerlicher als die tugendhafte Empörung unserer Bourgeoisie über die Gemeinschaft der Frauen

Du reste, rien n'est plus ridicule que l'indignation vertueuse de notre bourgeoisie contre la communauté des femmes

sie tun so, als ob sie von den Kommunisten offen und offiziell eingeführt werden sollte

ils prétendent qu'elle doit être établie ouvertement et officiellement par les communistes

Die Kommunisten haben es nicht nötig, die Gemeinschaft der Frauen einzuführen, sie existiert fast seit undenklichen Zeiten

Les communistes n'ont pas besoin d'introduire la communauté des femmes, elle existe depuis des temps immémoriaux

Unsere Bourgeoisie begnügt sich nicht damit, die Frauen und Töchter ihrer Proletarier zur Verfügung zu haben

Notre bourgeoisie ne se contente pas d'avoir à sa disposition les femmes et les filles de ses prolétaires

Sie haben das größte Vergnügen daran, ihre Frauen gegenseitig zu verführen

Ils prennent le plus grand plaisir à séduire les femmes de l'autre

Und das ist noch nicht einmal von gewöhnlichen Prostituierten zu sprechen

Et cela ne parle même pas des prostituées ordinaires

Die BourgeoisieEhe ist in Wirklichkeit ein System gemeinsamer Ehefrauen

Le mariage bourgeois est en réalité un système d'épouses en commun

dann gibt es eine Sache, die man den Kommunisten vielleicht vorwerfen könnte

puis il y a une chose qu'on pourrait peut-être reprocher aux communistes

Sie wollen eine offen legalisierte Gemeinschaft von Frauen einführen

Ils souhaitent introduire une communauté de femmes ouvertement légalisée

statt einer heuchlerisch verhüllten Gemeinschaft von Frauen

plutôt qu'une communauté de femmes hypocritement dissimulée

Die Gemeinschaft der Frauen, die aus dem Produktionssystem hervorgegangen ist

la communauté des femmes issues du système de production

Schafft das Produktionssystem ab, und ihr schafft die Gemeinschaft der Frauen ab

Abolissez le système de production, et vous abolissez la communauté des femmes

Sowohl die öffentliche Prostitution als auch die private Prostitution wird abgeschafft

La prostitution publique est abolie et la prostitution privée

Den Kommunisten wird noch dazu vorgeworfen, sie wollten Länder und Nationalitäten abschaffen

On reproche en outre aux communistes de vouloir abolir les pays et les nationalités

Die Arbeiter haben kein Vaterland, also können wir ihnen nicht nehmen, was sie nicht haben

Les travailleurs n'ont pas de patrie, nous ne pouvons donc pas leur prendre ce qu'ils n'ont pas

Das Proletariat muss vor allem die politische Herrschaft erlangen

Le prolétariat doit d'abord acquérir la suprématie politique

Das Proletariat muss sich zur führenden Klasse der Nation erheben

Le prolétariat doit s'élever pour être la classe dirigeante de la nation

Das Proletariat muss sich zur Nation konstituieren

Le prolétariat doit se constituer en nation

sie ist bis jetzt selbst national, wenn auch nicht im Bourgeoisie Sinne des Wortes

elle est, jusqu'à présent, elle-même nationale, mais pas dans le sens bourgeois du mot

Nationale Unterschiede und Gegensätze zwischen den Völkern verschwinden täglich mehr und mehr

Les différences nationales et les antagonismes entre les peuples s'estompent chaque jour davantage

der Entwicklung der Bourgeoisie, der Freiheit des Handels, des Weltmarktes

grâce au développement de la bourgeoisie, à la liberté du commerce, au marché mondial

zur Gleichförmigkeit der Produktionsweise und der ihr entsprechenden Lebensbedingungen

à l'uniformité du mode de production et des conditions de vie qui y correspondent

Die Herrschaft des Proletariats wird sie noch schneller verschwinden lassen

La suprématie du prolétariat les fera disparaître encore plus vite

Die einheitliche Aktion, wenigstens der führenden zivilisierten Länder, ist eine der ersten Bedingungen für die Befreiung des Proletariats

L'action unie, du moins dans les principaux pays civilisés, est une des premières conditions de l'émancipation du prolétariat

In dem Maße, wie der Ausbeutung eines Individuums durch ein anderes ein Ende gesetzt wird, wird auch der Ausbeutung einer Nation durch eine andere ein Ende gesetzt.

Dans la mesure où l'exploitation d'un individu par un autre prendra fin, l'exploitation d'une nation par une autre prendra également fin à

In dem Maße, wie der Antagonismus zwischen den Klassen innerhalb der Nation verschwindet, wird die Feindschaft einer Nation gegen die andere ein Ende haben

À mesure que l'antagonisme entre les classes à l'intérieur de la nation disparaîtra, l'hostilité d'une nation envers une autre prendra fin

Die Anschuldigungen gegen den Kommunismus, die von einem religiösen, philosophischen und allgemein von einem ideologischen Standpunkt aus erhoben werden, verdienen keine ernsthafte Prüfung

Les accusations portées contre le communisme d'un point de vue religieux, philosophique et, en général, idéologique, ne méritent pas d'être examinées sérieusement

Braucht es eine tiefe Intuition, um zu begreifen, dass sich die Ideen, Ansichten und Vorstellungen des Menschen mit jeder Veränderung der Bedingungen seiner materiellen Existenz ändern?

Faut-il une intuition profonde pour comprendre que les idées, les vues et les conceptions de l'homme changent à chaque changement dans les conditions de son existence matérielle ?

Ist es nicht offensichtlich, dass das Bewusstsein des Menschen sich Verändert, wenn seine sozialen Beziehungen und sein soziales Leben ändern?

N'est-il pas évident que la conscience de l'homme change lorsque ses relations sociales et sa vie sociale changent ?

Was beweist die Ideengeschichte anderes, als daß die geistige Produktion ihren Charakter in dem Maße ändert, wie die materielle Produktion verändert wird?

Qu'est-ce que l'histoire des idées prouve d'autre, sinon que la production intellectuelle change de caractère à mesure que la production matérielle se modifie ?

Die herrschenden Ideen eines jeden Zeitalters waren immer die Ideen seiner herrschenden Klasse

Les idées dominantes de chaque époque ont toujours été les idées de sa classe dirigeante

Wenn Menschen von Ideen sprechen, die die Gesellschaft revolutionieren, drücken sie nur eine Tatsache aus

Quand on parle d'idées qui révolutionnent la société, on n'exprime qu'un seul fait

Innerhalb der alten Gesellschaft wurden die Elemente einer neuen geschaffen

Au sein de l'ancienne société, les éléments d'une nouvelle société ont été créés

und daß die Auflösung der alten Ideen mit der Auflösung der alten Daseinsverhältnisse Schritt hält

et que la dissolution des vieilles idées va de pair avec la dissolution des anciennes conditions d'existence

Als die Antike in den letzten Zügen lag, wurden die alten Religionen vom Christentum überwunden

Lorsque le monde antique était dans ses dernières affresses, les anciennes religions ont été vaincues par le christianisme

Als die christlichen Ideen im 18. Jahrhundert den rationalistischen Ideen erlagen, kämpfte die feudale Gesellschaft ihren Todeskampf mit der damals revolutionären Bourgeoisie

Lorsque les idées chrétiennes ont succombé au XVIIIe siècle aux idées rationalistes, la société féodale a mené une bataille à mort contre la bourgeoisie alors révolutionnaire

Die Ideen der Religions- und Gewissensfreiheit brachten lediglich die Herrschaft des freien Wettbewerbs auf dem Gebiet des Wissens zum Ausdruck

Les idées de liberté religieuse et de liberté de conscience n'ont fait qu'exprimer l'emprise de la libre concurrence dans le domaine de la connaissance

"Zweifellos", wird man sagen, "sind religiöse, moralische, philosophische und juristische Ideen im Laufe der geschichtlichen Entwicklung modifiziert worden"

« Sans doute, dira-t-on, les idées religieuses, morales, philosophiques et juridiques ont été modifiées au cours du développement historique »

"Aber Religion, Moralphilosophie, Politikwissenschaft und Recht überlebten diesen Wandel ständig."

Mais la religion, la morale, la philosophie, la science politique et le droit ont constamment survécu à ce changement.

"Es gibt auch ewige Wahrheiten, wie Freiheit, Gerechtigkeit usw."

« Il y a aussi des vérités éternelles, telles que la Liberté, la Justice, etc. »

"Diese ewigen Wahrheiten sind allen Zuständen der Gesellschaft gemeinsam"

« Ces vérités éternelles sont communes à tous les états de la société »

"Aber der Kommunismus schafft die ewigen Wahrheiten ab, er schafft alle Religion und alle Moral ab."

« Mais le communisme abolit les vérités éternelles, il abolit toute religion et toute morale »

"Sie tut dies, anstatt sie auf einer neuen Grundlage zu konstituieren"

« il fait cela au lieu de les constituer sur une nouvelle base »

"Sie handelt daher im Widerspruch zu allen bisherigen historischen Erfahrungen"

« Elle agit donc en contradiction avec toute l'expérience historique passée »

Worauf reduziert sich dieser Vorwurf?

À quoi se réduit cette accusation ?

Die Geschichte aller vergangenen Gesellschaften hat in der Entwicklung von Klassengegensätzen bestanden

L'histoire de toute la société passée a consisté dans le développement d'antagonismes de classe

Antagonismen, die in verschiedenen Epochen unterschiedliche Formen annahmen

antagonismes qui ont pris des formes différentes selon les époques

Aber welche Form sie auch immer angenommen haben mögen, eine Tatsache ist allen vergangenen Zeitaltern gemeinsam

Mais quelle que soit la forme qu'ils aient prise, un fait est commun à tous les âges passés

die Ausbeutung eines Teils der Gesellschaft durch den anderen

l'exploitation d'une partie de la société par l'autre

Kein Wunder also, dass sich das gesellschaftliche Bewußtsein vergangener Zeiten innerhalb gewisser allgemeiner Formen oder allgemeiner Vorstellungen bewegt

Il n'est donc pas étonnant que la conscience sociale des âges passés se meuve à l'intérieur de certaines formes communes ou d'idées générales

(und das trotz aller Vielfalt und Vielfalt, die es zeigt)

(et ce, malgré toute la multiplicité et la variété qu'il affiche)

Und diese können nur mit dem gänzlichen Verschwinden der Klassengegensätze völlig verschwinden

et ceux-ci ne peuvent disparaître complètement qu'avec la disparition totale des antagonismes de classe

Die kommunistische Revolution ist der radikalste Bruch mit den traditionellen Eigentumsverhältnissen

La révolution communiste est la rupture la plus radicale avec les rapports de propriété traditionnels

Kein Wunder, dass ihre Entwicklung den radikalsten Bruch mit den traditionellen Vorstellungen mit sich bringt

Il n'est donc pas étonnant que son développement implique la rupture la plus radicale avec les idées traditionnelles

Aber lassen wir die Einwände der Bourgeoisie gegen den Kommunismus hinter uns

Mais finissons-en avec les objections de la bourgeoisie contre le communisme

Wir haben oben den ersten Schritt der Arbeiterklasse in der Revolution gesehen

Nous avons vu plus haut le premier pas de la révolution de la classe ouvrière

Das Proletariat muss zur Herrschaft erhoben werden, um den Kampf der Demokratie zu gewinnen

Le prolétariat doit être élevé à la position de dirigeant, pour gagner la bataille de la démocratie

Das Proletariat wird seine politische Vorherrschaft benutzen, um der Bourgeoisie nach und nach alles Kapital zu entreißen

Le prolétariat usera de sa suprématie politique pour arracher peu à peu tout le capital à la bourgeoisie

sie wird alle Produktionsmittel in den Händen des Staates zentralisieren

elle centralisera tous les instruments de production entre les mains de l'État

Mit anderen Worten, das Proletariat organisierte sich als herrschende Klasse

En d'autres termes, le prolétariat s'est organisé en classe dominante

Und sie wird die Summe der Produktivkräfte so schnell wie möglich vermehren

et elle augmentera le plus rapidement possible le total des forces productives

Natürlich kann dies anfangs nur durch despotische Eingriffe in die Eigentumsrechte geschehen

Bien sûr, au début, cela ne peut se faire qu'au moyen d'incursions despotiques dans les droits de propriété

und sie muss unter den Bedingungen der Bourgeoisie Produktion erreicht werden

et elle doit être réalisée dans les conditions de la production bourgeoise

Sie wird also durch Maßnahmen erreicht, die wirtschaftlich unzureichend und unhaltbar erscheinen

Elle est donc réalisée au moyen de mesures qui semblent économiquement insuffisantes et intenables

aber diese Mittel überflügeln sich im Laufe der Bewegung selbst

mais ces moyens, dans le cours du mouvement, se dépassent d'eux-mêmes

sie erfordern weitere Eingriffe in die alte Gesellschaftsordnung

elles nécessitent de nouvelles incursions dans l'ancien ordre social

und sie sind unvermeidlich, um die Produktionsweise völlig zu revolutionieren

et ils sont inévitables comme moyen de révolutionner entièrement le mode de production

Diese Maßnahmen werden natürlich in den verschiedenen Ländern unterschiedlich sein

Ces mesures seront bien sûr différentes selon les pays

Nichtsdestotrotz wird in den am weitesten fortgeschrittenen Ländern das Folgende ziemlich allgemein anwendbar sein

Néanmoins, dans les pays les plus avancés, ce qui suit sera assez généralement applicable

1. Abschaffung des Grundeigentums und Verwendung aller Grundrenten für öffentliche Zwecke.

1. L'abolition de la propriété foncière et l'affectation de toutes les rentes foncières à des fins publiques.

2. Eine hohe progressive oder abgestufte Einkommensteuer.

2. Un impôt sur le revenu progressif ou progressif lourd.

3. Abschaffung jeglichen Erbrechts.

3. Abolition de tout droit d'héritage.

4. Konfiskation des Eigentums aller Emigranten und Rebellen.

4. Confiscation des biens de tous les émigrés et rebelles.

5. Zentralisierung des Kredits in den Händen des Staates durch eine Nationalbank mit staatlichem Kapital und ausschließlichem Monopol.

5. Centralisation du crédit entre les mains de l'État, au moyen d'une banque nationale à capital d'État et monopole exclusif.

6. Zentralisierung der Kommunikations- und Transportmittel in den Händen des Staates.

6. Centralisation des moyens de communication et de transport entre les mains de l'État.

7. Ausbau der Fabriken und Produktionsmittel im Eigentum des Staates

7. Extension des usines et des instruments de production appartenant à l'État

die Kultivierung von Ödland und die Verbesserung des Bodens überhaupt nach einem gemeinsamen Plan.

la mise en culture des terres incultes, et l'amélioration du sol en général d'après un plan commun.

8. Gleiche Haftung aller für die Arbeit

8. Responsabilité égale de tous vis-à-vis du travail

Aufbau von Industriearmeen, vor allem für die Landwirtschaft.

Mise en place d'armées industrielles, notamment pour l'agriculture.

9. Kombination der Landwirtschaft mit dem verarbeitenden Gewerbe

9. Combinaison de l'agriculture et des industries manufacturières

allmähliche Aufhebung der Unterscheidung zwischen Stadt und Land durch eine gleichmäßigere Verteilung der Bevölkerung über das Land.

l'abolition progressive de la distinction entre la ville et la campagne, par une répartition plus égale de la population sur le territoire.

10. Kostenlose Bildung für alle Kinder in öffentlichen Schulen.

10. Gratuité de l'éducation pour tous les enfants dans les écoles publiques.

Abschaffung der Kinderfabrikarbeit in ihrer jetzigen Form

Abolition du travail des enfants dans les usines sous sa forme actuelle

Kombination von Bildung und industrieller Produktion

Combinaison de l'éducation et de la production industrielle

Wenn im Laufe der Entwicklung die Klassenunterschiede verschwunden sind

Quand, au cours du développement, les distinctions de classe ont disparu

und wenn die ganze Produktion in den Händen einer ungeheuren Assoziation der ganzen Nation konzentriert ist

et quand toute la production aura été concentrée entre les mains d'une vaste association de toute la nation

dann verliert die Staatsgewalt ihren politischen Charakter

alors la puissance publique perdra son caractère politique

Politische Macht, eigentlich so genannt, ist nichts anderes als die organisierte Macht einer Klasse, um eine andere zu unterdrücken

Le pouvoir politique, proprement dit, n'est que le pouvoir organisé d'une classe pour en opprimer une autre

Wenn das Proletariat in seinem Kampf mit der Bourgeoisie durch die Gewalt der Umstände gezwungen ist, sich als Klasse zu organisieren

Si le prolétariat, dans sa lutte contre la bourgeoisie, est contraint, par la force des choses, de s'organiser en classe

wenn sie sich durch eine Revolution zur herrschenden Klasse macht

si, par une révolution, elle se fait la classe dominante

und als solche fegt sie mit Gewalt die alten Produktionsbedingungen hinweg

et, en tant que telle, elle balaie par la force les anciennes conditions de production

dann wird sie mit diesen Bedingungen auch die Bedingungen für die Existenz der Klassengegensätze und der Klassen überhaupt hinweggefegt haben

alors, avec ces conditions, elle aura balayé les conditions d'existence des antagonismes de classes et des classes en général

und wird damit seine eigene Vorherrschaft als Klasse aufgehoben haben.

et aura ainsi aboli sa propre suprématie en tant que classe.

An die Stelle der alten Bourgeoisie Gesellschaft mit ihren Klassen und Klassengegensätzen treten eine Assoziation

A la place de l'ancienne société bourgeoise, avec ses classes et ses antagonismes de classes, nous aurons une association

eine Assoziation, in der die freie Entwicklung eines jeden die Bedingung für die freie Entwicklung aller ist

une association dans laquelle le libre développement de chacun est la condition du libre développement de tous

1) Reaktionärer Sozialismus
1) Le socialisme réactionnaire

a) Feudaler Sozialismus
a) Le socialisme féodal

die Aristokratien Frankreichs und Englands hatten eine einzigartige historische Stellung
les aristocraties de France et d'Angleterre avaient une position historique unique
es wurde zu ihrer Berufung, Pamphlete gegen die moderne Boureoisie Gesellschaft zu schreiben
c'est devenu leur vocation d'écrire des pamphlets contre la société bourgeoise moderne
In der französischen Revolution vom Juli 1830 und in der englischen Reformagitation
Dans la révolution française de juillet 1830 et dans l'agitation réformiste anglaise
Diese Aristokratien erlagen wieder dem hasserfüllten Emporkömmling
Ces aristocraties succombèrent de nouveau à l'odieux parvenu
An eine ernsthafte politische Auseinandersetzung war fortan nicht mehr zu denken
Dès lors, il n'était plus question d'une lutte politique sérieuse
Alles, was möglich blieb, war eine literarische Schlacht, keine wirkliche Schlacht
Tout ce qui restait possible, c'était une bataille littéraire, pas une véritable bataille
Aber auch auf dem Gebiet der Literatur waren die alten Schreie der Restaurationszeit unmöglich geworden
Mais même dans le domaine de la littérature, les vieux cris de la période de la restauration étaient devenus impossibles
Um Sympathie zu erregen, mußte die Aristokratie offenbar ihre eigenen Interessen aus den Augen verlieren
Pour s'attirer la sympathie, l'aristocratie était obligée de perdre de vue, semble-t-il, ses propres intérêts

**und sie waren gezwungen, ihre Anklage gegen die
Bourgeoisie im Interesse der ausgebeuteten Arbeiterklasse
zu formulieren**

et ils ont été obligés de formuler leur réquisitoire contre la
bourgeoisie dans l'intérêt de la classe ouvrière exploitée

**So rächte sich die Aristokratie, indem sie ihren neuen Herrn
verspottete**

C'est ainsi que l'aristocratie prit sa revanche en chantant des
pamphlets sur son nouveau maître

**Und sie rächten sich, indem sie ihm unheimliche
Prophezeiungen über die kommende Katastrophe ins Ohr
flüsterten**

et ils prirent leur revanche en lui murmurant à l'oreille de
sinistres prophéties de catastrophe à venir

So entstand der feudale Sozialismus: halb Klage, halb Spott

C'est ainsi qu'est né le socialisme féodal : moitié lamentation,
moitié moquerie

**Es klang halb wie ein Echo der Vergangenheit und
projizierte halb die Bedrohung der Zukunft**

Il sonnait comme un demi-écho du passé, et projetait une
demi-menace de l'avenir

**zuweilen traf sie durch ihre bittere, geistreiche und scharfe
Kritik die Bourgeoisie bis ins Mark**

parfois, par sa critique acerbe, spirituelle et incisive, il frappait
la bourgeoisie au plus profond de lui-même

**aber es war immer lächerlich in seiner Wirkung, weil es
völlig unfähig war, den Gang der neueren Geschichte zu
begreifen**

mais elle a toujours été ridicule dans son effet, par l'incapacité
totale de comprendre la marche de l'histoire moderne

**Die Aristokratie schwenkte, um das Volk um sich zu
scharen, den proletarischen Almosensack als Banner**

L'aristocratie, pour rallier le peuple à elle, agitait le sac
d'aumône prolétarien en guise de bannière

**Aber das Volk, so oft es sich zu ihnen gesellte, sah auf
seinem Hinterteil die alten Feudalwappen**

Mais le peuple, toutes les fois qu'il se joignait à lui, voyait sur son arrière-train les anciennes armoiries féodales

Und sie verließen mit lautem und respektlosem Gelächter

et ils désertèrent avec des rires bruyants et irrévérencieux

Ein Teil der französischen Legitimisten und des "jungen Englands" zeigte dieses Schauspiel

Une partie des légitimistes français et de la « Jeune Angleterre » offrit ce spectacle

die Feudalisten wiesen darauf hin, dass ihre Ausbeutungsweise eine andere sei als die der Bourgeoisie

les féodaux ont fait remarquer que leur mode d'exploitation était différent de celui de la bourgeoisie

Die Feudalisten vergessen, dass sie unter ganz anderen Umständen und Bedingungen ausgebeutet haben

Les féodaux oublient qu'ils ont exploité dans des circonstances et des conditions tout à fait différentes

Und sie haben nicht bemerkt, dass solche Methoden der Ausbeutung heute veraltet sind

Et ils n'ont pas remarqué que de telles méthodes d'exploitation sont maintenant désuètes

Sie zeigten, dass unter ihrer Herrschaft das moderne Proletariat nie existiert hat

Ils ont montré que, sous leur domination, le prolétariat moderne n'a jamais existé

aber sie vergessen, daß die moderne Bourgeoisie der notwendige Sprößling ihrer eigenen Gesellschaftsform ist

mais ils oublient que la bourgeoisie moderne est le produit nécessaire de leur propre forme de société

Im übrigen verbergen sie kaum den reaktionären Charakter ihrer Kritik

Pour le reste, ils dissimulent à peine le caractère réactionnaire de leur critique

ihre Hauptanklage gegen die Bourgeoisie läuft auf folgendes hinaus

Leur principale accusation contre la bourgeoisie se résume à ceci

unter dem Boureoisie Regime entwickelt sich eine soziale Klasse

sous le régime bourgeois, une classe sociale se développe

Diese soziale Klasse ist dazu bestimmt, die alte Gesellschaftsordnung an der Wurzel zu zerschneiden

Cette classe sociale est destinée à découper de fond en comble l'ancien ordre de la société

Womit sie die Bourgeoisie aufpeppen, ist nicht so sehr, dass sie ein Proletariat schafft

Ce qu'ils reprochent à la bourgeoisie, ce n'est pas tant qu'elle crée un prolétariat

womit sie die Bourgeoisie aufpeppen, ist mehr, dass sie ein revolutionäres Proletariat schafft

ce qu'ils reprochent à la bourgeoisie, c'est plutôt de créer un prolétariat révolutionnaire

In der politischen Praxis beteiligen sie sich daher an allen Zwangsmaßnahmen gegen die Arbeiterklasse

Dans la pratique politique, ils se joignent donc à toutes les mesures coercitives contre la classe ouvrière

Und im gewöhnlichen Leben bücken sie sich, trotz ihrer hochtrabenden Phrasen, um die goldenen Äpfel aufzuheben, die vom Baum der Industrie fallen gelassen wurden

Et dans la vie ordinaire, malgré leurs phrases hautaines, ils s'abaissent à ramasser les pommes d'or tombées de l'arbre de l'industrie

Und sie tauschen Wahrheit, Liebe und Ehre gegen den Handel mit Wolle, Rote-Bete-Zucker und Kartoffelbränden

et ils troquent la vérité, l'amour et l'honneur contre le commerce de la laine, du sucre de betterave et de l'eau-de-vie de pommes de terre

Wie der Pfarrer immer Hand in Hand mit dem Gutsherrn gegangen ist, so ist es der klerikale Sozialismus mit dem feudalen Sozialismus getan

De même que le pasteur a toujours marché main dans la main avec le propriétaire foncier, il en a été de même du socialisme clérical et du socialisme féodal

Nichts ist leichter, als der christlichen Askese einen sozialistischen Anstrich zu geben

Rien n'est plus facile que de donner à l'ascétisme chrétien une teinte socialiste

Hat nicht das Christentum gegen das Privateigentum, gegen die Ehe, gegen den Staat deklamiert?

Le christianisme n'a-t-il pas déclamé contre la propriété privée, contre le mariage, contre l'État ?

Hat das Christentum nicht an die Stelle dieser Nächstenliebe und Armut getreten?

Le christianisme n'a-t-il pas prêché à la place de la charité et de la pauvreté ?

Predigt das Christentum nicht den Zölibat und die Abtötung des Fleisches, das monastische Leben und die Mutter Kirche?

Le christianisme ne prêche-t-il pas le célibat et la mortification de la chair, de la vie monastique et de l'Église mère ?

Der christliche Sozialismus ist nur das Weihwasser, mit dem der Priester das Herzbrennen des Aristokraten weiht

Le socialisme chrétien n'est que l'eau bénite avec laquelle le prêtre consacre les brûlures du cœur de l'aristocrate

b) Kleinbürgerlicher Sozialismus
b) Le socialisme petit-bourgeois

Die feudale Aristokratie war nicht die einzige Klasse, die von der Bourgeoisie ruiniert wurde

L'aristocratie féodale n'est pas la seule classe ruinée par la bourgeoisie

sie war nicht die einzige Klasse, deren Existenzbedingungen in der Atmosphäre der modernen Bourgeoisie Gesellschaft schmachten und zugrunde gingen

ce n'était pas la seule classe dont les conditions d'existence languissaient et périssaient dans l'atmosphère de la société bourgeoise moderne

Die mittelalterliche Bürgerschaft und die kleinbäuerlichen Eigentümer waren die Vorläufer des modernen Bourgeoisie

Les bourgeois médiévaux et les petits propriétaires paysans ont été les précurseurs de la bourgeoisie moderne

In den Ländern, die industriell und kommerziell nur wenig entwickelt sind, vegetieren diese beiden Klassen noch Seite an Seite

Dans les pays peu développés, tant au point de vue industriel que commercial, ces deux classes végètent encore côte à côte

und in der Zwischenzeit erhebt sich die Bourgeoisie neben ihnen: industriell, kommerziell und politisch

et pendant ce temps, la bourgeoisie se lève à côté d'eux : industriellement, commercialement et politiquement

In den Ländern, in denen die moderne Zivilisation voll entwickelt ist, hat sich eine neue Klasse des Kleinbourgeoisie gebildet

Dans les pays où la civilisation moderne s'est pleinement développée, une nouvelle classe de petite bourgeoisie s'est formée

diese neue soziale Klasse schwankt zwischen Proletariat und Bourgeoisie

cette nouvelle classe sociale oscille entre le prolétariat et la bourgeoisie

und sie erneuert sich ständig als ergänzender Teil der Bourgeoisie Gesellschaft

et elle se renouvelle sans cesse en tant que partie supplémentaire de la société bourgeoise

Die einzelnen Glieder dieser Klasse aber werden fortwährend in das Proletariat hinabgeschleudert

Cependant, les membres individuels de cette classe sont constamment précipités dans le prolétariat

sie werden vom Proletariat durch die Einwirkung der Konkurrenz aufgesaugt

ils sont aspirés par le prolétariat par l'action de la concurrence

In dem Maße, wie sich die moderne Industrie entwickelt, sehen sie sogar den Augenblick herannahen, in dem sie als eigenständiger Teil der modernen Gesellschaft völlig verschwinden wird

Au fur et à mesure que l'industrie moderne se développe, ils voient même approcher le moment où ils disparaîtront complètement en tant que section indépendante de la société moderne

Sie werden in der Manufaktur, in der Landwirtschaft und im Handel durch Aufseher, Gerichtsvollzieher und Krämer ersetzt werden

ils seront remplacés, dans les manufactures, l'agriculture et le commerce, par des surveillants, des huissiers et des boutiquiers

In Ländern wie Frankreich, wo die Bauern weit mehr als die Hälfte der Bevölkerung ausmachen

Dans des pays comme la France, où les paysans représentent bien plus de la moitié de la population

es war natürlich, dass es Schriftsteller gab, die sich auf die Seite des Proletariats gegen die Bourgeoisie stellten

il était naturel qu'il y ait des écrivains qui se rangent du côté du prolétariat contre la bourgeoisie

in ihrer Kritik am Bourgeoisie Regime benutzten sie den Maßstab des Bauern- und Kleinbourgeoisie

dans leur critique du régime bourgeois, ils utilisaient l'étendard de la bourgeoisie paysanne et de la petite bourgeoisie

Und vom Standpunkt dieser Zwischenklassen aus ergreifen sie die Keule für die Arbeiterklasse

et, du point de vue de ces classes intermédiaires, ils prennent le relais de la classe ouvrière

So entstand der Kleinbourgeoisie Sozialismus, dessen Haupt Sismondi nicht nur in Frankreich, sondern auch in England war

C'est ainsi qu'est né le socialisme petit-bourgeois, dont Sismondi était le chef de cette école, non seulement en France, mais aussi en Angleterre

Diese Schule des Sozialismus sezierte mit großer Schärfe die Widersprüche in den Bedingungen der modernen Produktion

Cette école du socialisme a disséqué avec une grande acuité les contradictions des conditions de la production moderne

Diese Schule entlarvte die heuchlerischen Entschuldigungen der Ökonomen

Cette école a mis à nu les excuses hypocrites des économistes

Diese Schule bewies unwiderlegbar die verheerenden Auswirkungen der Maschinerie und der Arbeitsteilung

Cette école prouva sans conteste les effets désastreux du machinisme et de la division du travail

Es bewies die Konzentration von Kapital und Grund und Boden in wenigen Händen

elle prouvait la concentration du capital et de la terre entre quelques mains

sie bewies, wie Überproduktion zu Bourgeoisie-Krisen führt

elle a prouvé comment la surproduction conduit à des crises bourgeoises

sie wies auf den unvermeidlichen Ruin des Kleinbourgeoisie' und der Bauern hin

il soulignait la ruine inévitable de la petite bourgeoisie et des paysans

das Elend des Proletariats, die Anarchie in der Produktion, die schreiende Ungleichheit in der Verteilung des Reichtums

la misère du prolétariat, l'anarchie de la production, les inégalités criantes dans la répartition des richesses

Er zeigte, wie das Produktionssystem den industriellen Vernichtungskrieg zwischen den Nationen führt

Il a montré comment le système de production mène la guerre industrielle d'extermination entre les nations

die Auflösung der alten sittlichen Bande, der alten Familienverhältnisse, der alten Nationalitäten

la dissolution des vieux liens moraux, des vieilles relations familiales, des vieilles nationalités

In ihren positiven Zielen strebt diese Form des Sozialismus jedoch eines von zwei Dingen an

Dans ses objectifs positifs, cependant, cette forme de socialisme aspire à réaliser l'une des deux choses suivantes

Entweder zielt sie darauf ab, die alten Produktions- und Tauschmittel wiederherzustellen

soit elle vise à restaurer les anciens moyens de production et d'échange

und mit den alten Produktionsmitteln würde sie die alten Eigentumsverhältnisse und die alte Gesellschaft wiederherstellen

et avec les anciens moyens de production, elle rétablirait les anciens rapports de propriété et l'ancienne société

oder sie zielt darauf ab, die modernen Produktions- und Austauschmittel in den alten Rahmen der Eigentumsverhältnisse zu zwängen

ou bien elle vise à enfermer les moyens modernes de production et d'échange dans l'ancien cadre des rapports de propriété

In beiden Fällen ist es sowohl reaktionär als auch utopisch

Dans un cas comme dans l'autre, elle est à la fois réactionnaire et utopique

Seine letzten Worte lauten: Korporativzünfte für die Manufaktur, patriarchalische Verhältnisse in der Landwirtschaft

Ses derniers mots sont : guildes corporatives pour la fabrication, relations patriarcales dans l'agriculture

Schließlich, als hartnäckige historische Tatsachen alle berauschenden Wirkungen der Selbsttäuschung zerstreut hatten,

En fin de compte, lorsque les faits historiques obstinés ont dispersé tous les effets enivrants de l'auto-tromperie

diese Form des Sozialismus endete in einem elenden Anfall von Mitleid

cette forme de socialisme se termina par un misérable accès de pitié

c) Deutscher oder "wahrer" Sozialismus
c) Le socialisme allemand, ou « vrai »

Die sozialistische und kommunistische Literatur Frankreichs entstand unter dem Druck einer herrschenden Bourgeoisie
La littérature socialiste et communiste de France est née sous la pression d'une bourgeoisie au pouvoir

Und diese Literatur war der Ausdruck des Kampfes gegen diese Macht
Et cette littérature était l'expression de la lutte contre ce pouvoir

sie wurde in Deutschland zu einer Zeit eingeführt, als die Bourgeoisie gerade ihren Kampf mit dem feudalen Absolutismus begonnen hatte
elle a été introduite en Allemagne à une époque où la bourgeoisie venait de commencer sa lutte contre l'absolutisme féodal

Deutsche Philosophen, Möchtegern-Philosophen und Beaux Esprits griffen begierig zu dieser Literatur
Les philosophes allemands, les prétendus philosophes et les beaux esprits, s'emparèrent avidement de cette littérature

aber sie vergaßen, daß die Schriften aus Frankreich nach Deutschland einwanderten, ohne die französischen Gesellschaftsverhältnisse mitzubringen
mais ils oubliaient que les écrits avaient émigré de France en Allemagne sans apporter avec eux les conditions sociales françaises

Im Kontakt mit den deutschen gesellschaftlichen Verhältnissen verlor diese französische Literatur ihre unmittelbare praktische Bedeutung
Au contact des conditions sociales allemandes, cette littérature française perd toute sa signification pratique immédiate

und die kommunistische Literatur Frankreichs nahm in deutschen akademischen Kreisen einen rein literarischen Aspekt an

et la littérature communiste de France a pris un aspect purement littéraire dans les cercles académiques allemands

So waren die Forderungen der ersten Französischen Revolution nichts anderes als die Forderungen der "praktischen Vernunft"

Ainsi, les exigences de la première Révolution française n'étaient rien d'autre que les exigences de la « raison pratique »

und die Willensäußerung der revolutionären französischen Bourgeoisie bedeutete in ihren Augen das Gesetz des reinen Willens

et l'expression de la volonté de la bourgeoisie française révolutionnaire signifiait à leurs yeux la loi de la volonté pure

es bedeutete den Willen, wie er sein mußte; des wahren menschlichen Willens überhaupt

il signifiait la Volonté telle qu'elle devait être ; de la vraie Volonté humaine en général

Die Welt der deutschen Literaten bestand einzig und allein darin, die neuen französischen Ideen mit ihrem alten philosophischen Gewissen in Einklang zu bringen

Le monde des lettrés allemands ne consistait qu'à mettre les nouvelles idées françaises en harmonie avec leur ancienne conscience philosophique

oder vielmehr, sie annektierten die französischen Ideen, ohne ihren eigenen philosophischen Standpunkt aufzugeben

ou plutôt, ils ont annexé les idées françaises sans déserter leur propre point de vue philosophique

Diese Annexion vollzog sich auf die gleiche Weise, wie man sich eine Fremdsprache aneignet, nämlich durch Übersetzung

Cette annexion s'est faite de la même manière que l'on s'approprie une langue étrangère, c'est-à-dire par la traduction

Es ist bekannt, wie die Mönche alberne Leben katholischer Heiliger über Manuskripte schrieben

Il est bien connu comment les moines ont écrit des vies stupides de saints catholiques sur des manuscrits

die Manuskripte, auf denen die klassischen Werke des antiken Heidentums geschrieben waren

les manuscrits sur lesquels les œuvres classiques de l'ancien paganisme avaient été écrites

Die deutschen Literaten kehrten diesen Prozess mit der profanen französischen Literatur um

Les lettrés allemands ont inversé ce processus avec la littérature française profane

Sie schrieben ihren philosophischen Unsinn unter das französische Original

Ils ont écrit leurs absurdités philosophiques sous l'original français

Zum Beispiel schrieben sie unter der französischen Kritik an den ökonomischen Funktionen des Geldes "Entfremdung der Menschheit"

Par exemple, sous la critique française des fonctions économiques de l'argent, ils ont écrit « L'aliénation de l'humanité »

unter die französische Kritik am Bourgeoisie Staat schrieben sie "Entthronung der Kategorie des Generals"

au-dessous de la critique française de l'État bourgeois, ils écrivaient « détrônement de la catégorie du général »

Die Einführung dieser philosophischen Phrasen hinter der französischen Geschichtskritik nannten sie:

L'introduction de ces phrases philosophiques à la fin des critiques historiques françaises qu'ils ont baptisées :

"Philosophie des Handelns", "Wahrer Sozialismus", "Deutsche Sozialismuswissenschaft", "Philosophische Grundlagen des Sozialismus" und so weiter

« Philosophie de l'action », « Vrai socialisme », « Science allemande du socialisme », « Fondement philosophique du socialisme », etc

Die französische sozialistische und kommunistische Literatur wurde damit völlig entmannt

La littérature socialiste et communiste française est ainsi
complètement émasculée

**in den Händen der deutschen Philosophen hörte sie auf, den
Kampf der einen Klasse mit der anderen auszudrücken**
entre les mains des philosophes allemands, elle cessa
d'exprimer la lutte d'une classe contre l'autre

**und so fühlten sich die deutschen Philosophen bewußt, die
"französische Einseitigkeit" überwunden zu haben**
et c'est ainsi que les philosophes allemands se sentaient
conscients d'avoir surmonté « l'unilatéralité française »

**Sie musste keine wahren Forderungen repräsentieren,
sondern sie repräsentierte Forderungen der Wahrheit**
Il n'avait pas à représenter de vraies exigences, mais plutôt des
exigences de vérité

**es gab kein Interesse am Proletariat, sondern an der
menschlichen Natur**
il n'y avait pas d'intérêt pour le prolétariat, mais plutôt pour la
nature humaine

**das Interesse galt dem Menschen überhaupt, der keiner
Klasse angehört und keine Wirklichkeit hat**
l'intérêt était dans l'Homme en général, qui n'appartient à
aucune classe et n'a pas de réalité

**ein Mann, der nur im nebligen Reich der philosophischen
Fantasie existiert**
un homme qui n'existe que dans le royaume brumeux de la
fantaisie philosophique

**aber schließlich verlor auch dieser deutsche
Schulsozialismus seine pedantische Unschuld**
mais finalement, ce socialisme allemand d'écolier perdit aussi
son innocence pédante

**die deutsche Bourgeoisie und besonders die preußische
Bourgeoisie kämpfte gegen die feudale Aristokratie**
la bourgeoisie allemande, et surtout la bourgeoisie prussienne,
luttait contre l'aristocratie féodale

**auch die absolute Monarchie Deutschlands und Preußens
wurde bekämpft**

la monarchie absolue de l'Allemagne et de la Prusse était également combattue

Und im Gegenzug wurde auch die Literatur der liberalen Bewegung ernster

Et à son tour, la littérature du mouvement libéral est également devenue plus sérieuse

Deutschlands lang ersehnte Chance auf einen "wahren" Sozialismus wurde geboten

L'Allemagne a eu l'occasion longtemps souhaitée par le « vrai » socialisme de se voir offrir

die Möglichkeit, die politische Bewegung mit den sozialistischen Forderungen zu konfrontieren

l'occasion de confronter le mouvement politique aux revendications socialistes

die Gelegenheit, die traditionellen Bannsprüche gegen den Liberalismus zu schleudern

l'occasion de jeter les anathèmes traditionnels contre le libéralisme

die Möglichkeit, die repräsentative Regierung und die Bourgeoisie Konkurrenz anzugreifen

l'occasion d'attaquer le gouvernement représentatif et la concurrence bourgeoise

Pressefreiheit der Bourgeoisie, Bourgeoisie Gesetzgebung, Bourgeoisie Freiheit und Gleichheit

Liberté de la presse bourgeoise, législation bourgeoise, liberté et égalité bourgeoise

All dies könnte nun in der realen Welt kritisiert werden, anstatt in der Fantasie

Tout cela pourrait maintenant être critiqué dans le monde réel, plutôt que dans la fantaisie

Feudalaristokratie und absolute Monarchie hatten den Massen lange gepredigt

L'aristocratie féodale et la monarchie absolue prêchaient depuis longtemps aux masses

"Der Arbeiter hat nichts zu verlieren und er hat alles zu gewinnen"

« L'ouvrier n'a rien à perdre, et il a tout à gagner »
**auch die Bourgeoisie bewegung bot eine Chance, sich mit
diesen Plattitüden auseinanderzusetzen**
le mouvement bourgeois offrait aussi une chance de se
confronter à ces platitudes
**die französische Kritik setzte die Existenz der modernen
Bourgeoisie Gesellschaft voraus**
la critique française présupposait l'existence d'une société
bourgeoise moderne
**Bourgeoisie, ökonomische Existenzbedingungen und
Bourgeoisie politische Verfassung**
Conditions économiques d'existence de la bourgeoisie et
constitution politique de la bourgeoisie
**gerade die Dinge, deren Errungenschaft Gegenstand des in
Deutschland anstehenden Kampfes war**
les choses mêmes dont la réalisation était l'objet de la lutte
imminente en Allemagne
**Deutschlands albernes Echo des Sozialismus hat diese Ziele
gerade noch rechtzeitig aufgegeben**
L'écho stupide du socialisme en Allemagne a abandonné ces
objectifs juste à temps
**Die absoluten Regierungen hatten ihre Gefolgschaft aus
Pfarrern, Professoren, Landjunkern und Beamten**
Les gouvernements absolus avaient leur suite de pasteurs, de
professeurs, d'écuyers de campagne et de fonctionnaires
**die damalige Regierung begegnete den deutschen
Arbeiteraufständen mit Auspeitschungen und Kugeln**
le gouvernement de l'époque a répondu aux soulèvements de
la classe ouvrière allemande par des coups de fouet et des
balles
**ihnen diente dieser Sozialismus als willkommene
Vogelscheuche gegen die drohende Bourgeoisie**
pour eux, ce socialisme était un épouvantail bienvenu contre
la bourgeoisie menaçante
**und die deutsche Regierung konnte nach den bitteren
Pillen, die sie austeilte, ein süßes Dessert anbieten**

et le gouvernement allemand a pu offrir un dessert sucré après les pilules amères qu'il a distribuées

dieser "wahre" Sozialismus diente also den Regierungen als Waffe im Kampf gegen die deutsche Bourgeoisie

ce « vrai » socialisme servait donc aux gouvernements d'arme pour combattre la bourgeoisie allemande

und gleichzeitig repräsentierte sie direkt ein reaktionäres Interesse; die der deutschen Philister

et, en même temps, il représentait directement un intérêt réactionnaire ; celle des Philistins allemands

In Deutschland ist das Kleinbourgeoisie die wirkliche gesellschaftliche Grundlage des bestehenden Zustandes

En Allemagne, la petite bourgeoisie est la véritable base sociale de l'état de choses actuel

Ein Relikt des sechzehnten Jahrhunderts, das immer wieder in verschiedenen Formen auftaucht

une relique du XVIe siècle qui n'a cessé de surgir sous diverses formes

Diese Klasse zu bewahren bedeutet, den bestehenden Zustand in Deutschland zu bewahren

Conserver cette classe, c'est préserver l'état de choses existant en Allemagne

Die industrielle und politische Vorherrschaft der Bourgeoisie bedroht das KleinBourgeoisie mit der sicheren Vernichtung

La suprématie industrielle et politique de la bourgeoisie menace la petite bourgeoisie d'une destruction certaine

auf der einen Seite droht sie das Kleinbourgeoisiedurch die Konzentration des Kapitals zu vernichten

d'une part, elle menace de détruire la petite bourgeoisie par la concentration du capital

auf der anderen Seite droht die Bourgeoisie, sie durch den Aufstieg eines revolutionären Proletariats zu zerstören

d'autre part, la bourgeoisie menace de la détruire par l'avènement d'un prolétariat révolutionnaire

Der "wahre" Sozialismus schien diese beiden Fliegen mit einer Klappe zu schlagen. Es breitete sich wie eine Epidemie aus

Le « vrai » socialisme semblait faire d'une pierre deux coups. Il s'est répandu comme une épidémie

Das Gewand spekulativer Spinnweben, bestickt mit Blumen der Rhetorik, durchtränkt vom Tau kränklicher Gefühle

La robe de toiles d'araignées spéculatives, brodée de fleurs de rhétorique, trempée dans la rosée du sentiment maladif

dieses transzendentale Gewand, in das die deutschen Sozialisten ihre traurigen "ewigen Wahrheiten" hüllten

cette robe transcendantale dans laquelle les socialistes allemands enveloppaient leurs tristes « vérités éternelles »

alle Haut und Knochen, dienten dazu, den Absatz ihrer Waren bei einem solchen Publikum wunderbar zu vermehren.

tout de peau et d'os, servaient à augmenter merveilleusement la vente de leurs marchandises auprès d'un public aussi

Und der deutsche Sozialismus seinerseits erkannte mehr und mehr seine eigene Berufung

Et de son côté, le socialisme allemand reconnaissait de plus en plus sa propre vocation

sie war berufen, die bombastische Vertreterin des Kleinbourgeoisie Philisters zu sein

on l'appelait à être le représentant grandiloquent de la petite-bourgeoisie philistine

Sie proklamierte die deutsche Nation als Musternation und den deutschen Kleinphilister als Mustermann

Il proclamait que la nation allemande était la nation modèle, et le petit philistin allemand l'homme modèle

Jeder schurkischen Gemeinheit dieses Mustermenschen gab sie eine verborgene, höhere, sozialistische Deutung

À chaque méchanceté de cet homme modèle, elle donnait une interprétation socialiste cachée, plus élevée

diese höhere, sozialistische Deutung war das genaue Gegenteil ihres wirklichen Charakters

cette interprétation socialiste supérieure était l'exact contraire de son caractère réel

Sie ging so weit, sich der "brutal destruktiven" Tendenz des Kommunismus direkt entgegenzustellen

Il est allé jusqu'à s'opposer directement à la tendance « brutalement destructrice » du communisme

und sie proklamierte ihre höchste und unparteiische Verachtung aller Klassenkämpfe

et il proclamait son mépris suprême et impartial de toutes les luttes de classes

Mit sehr wenigen Ausnahmen gehören alle sogenannten sozialistischen und kommunistischen Publikationen, die jetzt (1847) in Deutschland zirkulieren, in den Bereich dieser üblen und entnervenden Literatur

À de très rares exceptions près, toutes les publications dites socialistes et communistes qui circulent aujourd'hui (1847) en Allemagne appartiennent au domaine de cette littérature nauséabonde et énervante

2) Konservativer Sozialismus oder bürgerlicher Sozialismus
2) Le socialisme conservateur ou le socialisme bourgeois

Ein Teil der Bourgeoisie will soziale Missstände beseitigen
Une partie de la bourgeoisie est désireuse de redresser les
griefs sociaux
um den Fortbestand der Bourgeoisie Gesellschaft zu sichern
afin d'assurer la pérennité de la société bourgeoise
**Zu dieser Sektion gehören Ökonomen, Philanthropen,
Menschenfreunde**
C'est à cette section qu'appartiennent les économistes, les
philanthropes, les humanitaires
**Verbesserer der Lage der Arbeiterklasse und Organisatoren
der Wohltätigkeit**
améliorateurs de la condition de la classe ouvrière et
organisateurs de la charité
**Mitglieder von Gesellschaften zur Verhütung von
Tierquälerei**
membres des sociétés de prévention de la cruauté envers les
animaux
**Mäßigkeitsfanatiker, Loch-und-Ecken-Reformer aller
erdenklichen Art**
fanatiques de la tempérance, réformateurs de toutes sortes
imaginables
**Diese Form des Sozialismus ist überdies zu vollständigen
Systemen ausgearbeitet worden**
Cette forme de socialisme a, d'ailleurs, été élaborée en
systèmes complets
**Als Beispiel für diese Form sei Proudhons "Philosophie de
la Misère" angeführt**
On peut citer la « Philosophie de la Misère » de Proudhon
comme exemple de cette forme
**Die sozialistische Bourgeoisie will alle Vorteile der
modernen gesellschaftlichen Verhältnisse**
La bourgeoisie socialiste veut tous les avantages des
conditions sociales modernes

aber die sozialistische Bourgeoisie will nicht unbedingt die daraus resultierenden Kämpfe und Gefahren

mais la bourgeoisie socialiste ne veut pas nécessairement des luttes et des dangers qui en résultent

Sie wollen den bestehenden Zustand der Gesellschaft, abzüglich ihrer revolutionären und zerfallenden Elemente

Ils désirent l'état actuel de la société, sans ses éléments révolutionnaires et désintégrateurs

mit anderen Worten, sie wünschen sich eine Bourgeoisie ohne Proletariat

c'est-à-dire qu'ils veulent une bourgeoisie sans prolétariat

Die Bourgeoisie begreift natürlich die Welt, in der sie die höchste ist, die Beste zu sein

La bourgeoisie conçoit naturellement le monde dans lequel elle est souveraine d'être la meilleure

und der Bourgeoisie Sozialismus entwickelt diese bequeme Auffassung zu verschiedenen mehr oder weniger vollständigen Systemen

et le socialisme bourgeois développe cette conception confortable en divers systèmes plus ou moins complets

sie wünschen sich sehr, dass das Proletariat geradewegs in das soziale Neue Jerusalem marschiert

ils voudraient beaucoup que le prolétariat marche droit dans la Nouvelle Jérusalem sociale

Aber in Wirklichkeit verlangt sie, dass das Proletariat innerhalb der Grenzen der bestehenden Gesellschaft bleibt

Mais en réalité, elle exige du prolétariat qu'il reste dans les limites de la société existante

sie fordern das Proletariat auf, alle seine hasserfüllten Ideen über die Bourgeoisie abzulegen

ils demandent au prolétariat de se débarrasser de toutes ses idées haineuses sur la bourgeoisie

es gibt eine zweite, praktischere, aber weniger systematische Form dieses Sozialismus

il y a une seconde forme plus pratique, mais moins systématique, de ce socialisme

Diese Form des Sozialismus versuchte, jede revolutionäre Bewegung in den Augen der Arbeiterklasse abzuwerten

Cette forme de socialisme cherchait à déprécier tout mouvement révolutionnaire aux yeux de la classe ouvrière

Sie argumentieren, dass keine bloße politische Reform für sie von Vorteil sein könnte

Ils soutiennent qu'aucune simple réforme politique ne pourrait leur être d'un quelconque avantage

nur eine Veränderung der materiellen Existenzbedingungen in den wirtschaftlichen Beziehungen ist von Nutzen

Seul un changement dans les conditions matérielles d'existence dans les relations économiques est bénéfique

Wie der Kommunismus tritt auch diese Form des Sozialismus für eine Veränderung der materiellen Existenzbedingungen ein

Comme le communisme, cette forme de socialisme prône un changement des conditions matérielles d'existence

Diese Form des Sozialismus bedeutet jedoch keineswegs, dass die Bourgeoisie Produktionsverhältnisse abgeschafft werden

Cependant, cette forme de socialisme ne suggère nullement l'abolition des rapports de production bourgeois

die Abschaffung der Bourgeoisie Produktionsverhältnisse kann nur durch eine Revolution erreicht werden

l'abolition des rapports de production bourgeois ne peut se faire que par la révolution

Doch statt einer Revolution schlägt diese Form des Sozialismus Verwaltungsreformen vor

Mais au lieu d'une révolution, cette forme de socialisme suggère des réformes administratives

und diese Verwaltungsreformen würden auf dem Fortbestand dieser Beziehungen beruhen

et ces réformes administratives seraient fondées sur la pérennité de ces relations

Reformen, die in keiner Weise die Beziehungen zwischen Kapital und Arbeit berühren

réformes qui n'affectent en rien les rapports entre le capital et le travail

im besten Fall verringern solche Reformen die Kosten und vereinfachen die Verwaltungsarbeit der Bourgeoisie Regierung

au mieux, de telles réformes réduisent le coût et simplifient le travail administratif du gouvernement bourgeois

Der Bourgeoisie Sozialismus kommt dann und nur dann adäquat zum Ausdruck, wenn er zur bloßen Redewendung wird

Le socialisme bourgeois atteint une expression adéquate lorsque, et seulement lorsque, il devient une simple figure de style

Freihandel: zum Wohle der Arbeiterklasse

Le libre-échange : au profit de la classe ouvrière

Schutzpflichten: zum Wohle der Arbeiterklasse

Les devoirs protecteurs : au profit de la classe ouvrière

Gefängnisreform: zum Wohle der Arbeiterklasse

Réforme pénitentiaire : au profit de la classe ouvrière

Das ist das letzte Wort und das einzig ernst gemeinte Wort des Bourgeoisie Sozialismus

C'est le dernier mot et le seul mot sérieux du socialisme bourgeois

Sie ist in dem Satz zusammengefasst: Die Bourgeoisie ist eine Bourgeoisie zum Wohle der Arbeiterklasse

Elle se résume dans la phrase : la bourgeoisie est une bourgeoisie au profit de la classe ouvrière

3) Kritisch-utopischer Sozialismus und Kommunismus
3) Socialisme et communisme utopiques critiques

Wir beziehen uns hier nicht auf jene Literatur, die den Forderungen des Proletariats immer eine Stimme gegeben hat
Nous ne nous référons pas ici à la littérature qui a toujours donné la parole aux revendications du prolétariat

dies war in jeder großen modernen Revolution vorhanden, wie z. B. in den Schriften von Babeuf und anderen
cela a été présent dans toutes les grandes révolutions modernes, comme les écrits de Babeuf et d'autres

Die ersten unmittelbaren Versuche des Proletariats, seine eigenen Ziele zu erreichen, scheiterten notwendigerweise
Les premières tentatives directes du prolétariat pour parvenir à ses propres fins échouèrent nécessairement

Diese Versuche wurden in Zeiten allgemeiner Aufregung unternommen, als die feudale Gesellschaft gestürzt wurde
Ces tentatives ont été faites dans des temps d'effervescence universelle, lorsque la société féodale était renversée

Der damals noch unterentwickelte Zustand des Proletariats führte zum Scheitern dieser Versuche
L'état alors peu développé du prolétariat a conduit à l'échec de ces tentatives

und sie scheiterten am Fehlen der wirtschaftlichen Voraussetzungen für ihre Emanzipation
et ils ont échoué en raison de l'absence des conditions économiques pour son émancipation

Bedingungen, die erst noch geschaffen werden mussten und die durch die bevorstehende Epoche der Bourgeoisie allein hervorgebracht werden konnten
conditions qui n'avaient pas encore été produites, et qui ne pouvaient être produites que par l'époque de la bourgeoisie

Die revolutionäre Literatur, die diese ersten Bewegungen des Proletariats begleitete, hatte notwendigerweise einen reaktionären Charakter

La littérature révolutionnaire qui accompagnait ces premiers mouvements du prolétariat avait nécessairement un caractère réactionnaire

Diese Literatur schärfte universelle Askese und soziale Nivellierung in ihrer gröbsten Form ein

Cette littérature inculquait l'ascétisme universel et le nivellement social dans sa forme la plus grossière

Die sozialistischen und kommunistischen Systeme, die man eigentlich so nennt, entstehen in der frühen unentwickelten Periode

Les systèmes socialistes et communistes, proprement dits, naissent au début de la période sous-développée

Saint-Simon, Fourier, Owen und andere beschrieben den Kampf zwischen Proletariat und Bourgeoisie (siehe Abschnitt 1)

Saint-Simon, Fourier, Owen et d'autres, ont décrit la lutte entre le prolétariat et la bourgeoisie (voir section 1)

Die Begründer dieser Systeme sehen in der Tat die Klassengegensätze

Les fondateurs de ces systèmes voient, en effet, les antagonismes de classe

Sie sehen auch das Wirken der sich zersetzenden Elemente in der herrschenden Gesellschaftsform

Ils voient aussi l'action des éléments en décomposition, dans la forme dominante de la société

Aber das Proletariat, das noch in den Kinderschuhen steckt, bietet ihnen das Schauspiel einer Klasse ohne jede historische Initiative

Mais le prolétariat, encore à ses débuts, leur offre le spectacle d'une classe sans aucune initiative historique

Sie sehen das Schauspiel einer sozialen Klasse ohne unabhängige politische Bewegung

Ils voient le spectacle d'une classe sociale sans aucun mouvement politique indépendant

Die Entwicklung des Klassengegensatzes hält mit der Entwicklung der Industrie Schritt

Le développement de l'antagonisme de classe va de pair avec
le développement de l'industrie

**Die ökonomische Lage bietet ihnen also noch nicht die
materiellen Bedingungen für die Befreiung des Proletariats**

La situation économique ne leur offre donc pas encore les
conditions matérielles de l'émancipation du prolétariat

**Sie suchen also nach einer neuen Sozialwissenschaft, nach
neuen sozialen Gesetzen, die diese Bedingungen schaffen
sollen**

Ils cherchent donc une nouvelle science sociale, de nouvelles
lois sociales, qui doivent créer ces conditions

**historisches Handeln besteht darin, sich ihrem persönlichen
erfinderischen Handeln zu beugen**

l'action historique, c'est céder à leur action inventive
personnelle

**Historisch geschaffene Emanzipationsbedingungen sollen
phantastischen Verhältnissen weichen**

Les conditions d'émancipation créées historiquement doivent
céder la place à des conditions fantastiques

**und die allmähliche, spontane Klassenorganisation des
Proletariats soll der Organisation der Gesellschaft weichen**

et l'organisation de classe graduelle et spontanée du
prolétariat doit céder la place à l'organisation de la société

**die Organisation der Gesellschaft, die von diesen Erfindern
eigens ersonnen wurde**

l'organisation de la société spécialement conçue par ces
inventeurs

**Die zukünftige Geschichte löst sich in ihren Augen in die
Propaganda und die praktische Durchführung ihrer sozialen
Pläne auf**

L'histoire future se résout, à leurs yeux, dans la propagande et
l'exécution pratique de leurs projets sociaux

**Bei der Ausarbeitung ihrer Pläne sind sie sich bewußt, daß
sie sich in erster Linie um die Interessen der Arbeiterklasse
kümmern**

Dans l'élaboration de leurs plans, ils ont conscience de s'occuper avant tout des intérêts de la classe ouvrière

Nur unter dem Gesichtspunkt, die leidendste Klasse zu sein, existiert das Proletariat für sie

Ce n'est que du point de vue d'être la classe la plus souffrante que le prolétariat existe pour eux

Der unentwickelte Zustand des Klassenkampfes und ihre eigene Umgebung prägen ihre Meinungen

L'état sous-développé de la lutte des classes et leur propre environnement informent leurs opinions

Sozialisten dieser Art halten sich allen Klassengegensätzen weit überlegen

Les socialistes de ce genre se considèrent comme bien supérieurs à tous les antagonismes de classe

Sie wollen die Lage jedes Mitglieds der Gesellschaft verbessern, auch die der Begünstigten

Ils veulent améliorer la condition de tous les membres de la société, même celle des plus favorisés

Daher appellieren sie gewöhnlich an die Gesellschaft als Ganzes, ohne Unterschied der Klasse

Par conséquent, ils s'adressent habituellement à la société dans son ensemble, sans distinction de classe

Ja, sie appellieren an die Gesellschaft als Ganzes, indem sie die herrschende Klasse bevorzugen

Bien plus, ils font appel à la société dans son ensemble de préférence à la classe dirigeante

Für sie ist alles, was es braucht, dass andere ihr System verstehen

Pour eux, tout ce qu'il faut, c'est que les autres comprennent leur système

Denn wie können die Menschen nicht erkennen, dass der bestmögliche Plan für den bestmöglichen Zustand der Gesellschaft ist?

Car comment les gens peuvent-ils ne pas voir que le meilleur plan possible est le meilleur état possible de la société ?

Daher lehnen sie jede politische und vor allem jede revolutionäre Aktion ab

C'est pourquoi ils rejettent toute action politique, et surtout toute action révolutionnaire

Sie wollen ihre Ziele mit friedlichen Mitteln erreichen

ils veulent arriver à leurs fins par des moyens pacifiques

Sie bemühen sich durch kleine Experimente, die notwendigerweise zum Scheitern verurteilt sind

ils s'efforcent, par de petites expériences, qui sont nécessairement vouées à l'échec

und durch die Kraft des Beispiels versuchen sie, den Weg für das neue soziale Evangelium zu ebnen

et par la force de l'exemple, ils essaient d'ouvrir la voie au nouvel Évangile social

Welch phantastische Bilder von der zukünftigen Gesellschaft, gemalt in einer Zeit, in der sich das Proletariat noch in einem sehr unterentwickelten Zustand befindet

De tels tableaux fantastiques de la société future, peints à une époque où le prolétariat est encore dans un état très sous-développé

und sie hat immer noch nur eine phantastische Vorstellung von ihrer eigenen Stellung

et il n'a encore qu'une conception fantasmatique de sa propre position

aber ihre ersten instinktiven Sehnsüchte entsprechen den Sehnsüchten des Proletariats

Mais leurs premières aspirations instinctives correspondent aux aspirations du prolétariat

Beide sehnen sich nach einem allgemeinen Umbau der Gesellschaft

L'un et l'autre aspirent à une reconstruction générale de la société

Aber diese sozialistischen und kommunistischen Veröffentlichungen enthalten auch ein kritisches Element

Mais ces publications socialistes et communistes contiennent aussi un élément critique

Sie greifen jedes Prinzip der bestehenden Gesellschaft an

Ils s'attaquent à tous les principes de la société existante

Daher sind sie voll von den wertvollsten Materialien für die Aufklärung der Arbeiterklasse

C'est pourquoi ils sont remplis des matériaux les plus précieux pour l'illumination de la classe ouvrière

Sie schlagen die Abschaffung der Unterscheidung zwischen Stadt und Land und der Familie vor

Ils proposent l'abolition de la distinction entre la ville et la campagne, et la famille

die Abschaffung des Gewerbetreibens für Rechnung von Privatpersonen

la suppression de l'exercice de l'industrie pour le compte des particuliers

und die Abschaffung des Lohnsystems und die Proklamation des sozialen Friedens

et l'abolition du salariat et la proclamation de l'harmonie sociale

die Verwandlung der Funktionen des Staates in eine bloße Aufsicht über die Produktion

la transformation des fonctions de l'État en une simple surveillance de la production

Alle diese Vorschläge deuten einzig und allein auf das Verschwinden der Klassengegensätze hin

Toutes ces propositions ne pointent que vers la disparition des antagonismes de classe

Klassengegensätze waren damals gerade erst im Entstehen begriffen

Les antagonismes de classe ne faisaient alors que surgir

In diesen Veröffentlichungen werden diese Klassengegensätze nur in ihren frühesten, undeutlichen und unbestimmten Formen anerkannt

Dans ces publications, ces antagonismes de classe ne sont reconnus que dans leurs formes les plus anciennes, indistinctes et indéfinies

Diese Vorschläge haben also rein utopischen Charakter

Ces propositions ont donc un caractère purement utopique

Die Bedeutung des kritisch-utopischen Sozialismus und des Kommunismus steht in einem umgekehrten Verhältnis zur historischen Entwicklung

La signification du socialisme et du communisme critiques-utopiques est en relation inverse avec le développement historique

Der moderne Klassenkampf wird sich entwickeln und weiter konkrete Gestalt annehmen

La lutte de classe moderne se développera et continuera à prendre une forme définitive

Dieses fantastische Ansehen des Wettbewerbs wird jeden praktischen Wert verlieren

Cette réputation fantastique du concours perdra toute valeur pratique

Diese phantastischen Angriffe auf die Klassengegensätze verlieren jede theoretische Rechtfertigung

Ces attaques fantastiques contre les antagonismes de classe perdront toute justification théorique

Die Urheber dieser Systeme waren in vielerlei Hinsicht revolutionär

Les initiateurs de ces systèmes étaient, à bien des égards, révolutionnaires

Aber ihre Jünger haben in jedem Fall bloße reaktionäre Sekten gebildet

Mais leurs disciples n'ont, dans tous les cas, formé que des sectes réactionnaires

Sie halten an den ursprünglichen Ansichten ihrer Meister fest

Ils s'en tiennent fermement aux vues originales de leurs maîtres

Aber diese Anschauungen stehen im Gegensatz zur fortschreitenden geschichtlichen Entwicklung des Proletariats

Mais ces vues s'opposent au développement historique progressif du prolétariat

Sie bemühen sich daher, und zwar konsequent, den Klassenkampf abzustumpfen

Ils s'efforcent donc, et cela constamment, d'étouffer la lutte des classes

Und sie bemühen sich konsequent, die Klassengegensätze zu versöhnen

et ils s'efforcent constamment de concilier les antagonismes de classe

Noch träumen sie von der experimentellen Umsetzung ihrer gesellschaftlichen Utopien

Ils rêvent encore de la réalisation expérimentale de leurs utopies sociales

sie träumen immer noch davon, isolierte "Phalanster" zu gründen und "Heimatkolonien" zu gründen

ils rêvent encore de fonder des « phalanstères » isolés et d'établir des « colonies d'origine »

sie träumen davon, eine "Kleine Ikaria" zu errichten – Duodecimo-Ausgaben des Neuen Jerusalem

ils rêvent de mettre en place une « Petite Icarie » – éditions duodecimo de la Nouvelle Jérusalem

Und sie träumen davon, all diese Luftschlösser zu verwirklichen

Et ils rêvent de réaliser tous ces châteaux dans les airs

Sie sind gezwungen, an die Gefühle und den Geldbeutel der Bourgeoisie zu appellieren

Ils sont obligés de faire appel aux sentiments et aux bourses des bourgeois

Nach und nach sinken sie in die Kategorie der oben dargestellten reaktionären konservativen Sozialisten

Peu à peu, ils s'enfoncent dans la catégorie des socialistes conservateurs réactionnaires décrits ci-dessus

sie unterscheiden sich von diesen nur durch systematischere Pedanterie

ils ne diffèrent de ceux-ci que par une pédanterie plus systématique

und sie unterscheiden sich durch ihren fanatischen und abergläubischen Glauben an die Wunderwirkungen ihrer Sozialwissenschaft

et ils diffèrent par leur croyance fanatique et superstitieuse aux effets miraculeux de leur science sociale

Sie widersetzen sich daher gewaltsam jeder politischen Aktion der Arbeiterklasse

Ils s'opposent donc violemment à toute action politique de la part de la classe ouvrière

ein solches Handeln kann ihrer Meinung nach nur aus blindem Unglauben an das neue Evangelium resultieren

une telle action, selon eux, ne peut résulter que d'une incrédulité aveugle dans le nouvel Évangile

Die Owenisten in England und die Fourieristen in Frankreich stehen den Chartisten und den "Réformisten" entgegen

Les owénistes en Angleterre et les fouriéristes en France s'opposent respectivement aux chartistes et aux réformistes

Stellung der Kommunisten zu den verschiedenen bestehenden Oppositionsparteien
Position des communistes par rapport aux divers partis d'opposition existants

Abschnitt II hat die Beziehungen der Kommunisten zu den bestehenden Arbeiterparteien deutlich gemacht
La section II a mis en évidence les relations des communistes avec les partis ouvriers existants
wie die Chartisten in England und die Agrarreformer in Amerika
comme les chartistes en Angleterre et les réformateurs agraires en Amérique
Die Kommunisten kämpfen für die Erreichung der unmittelbaren Ziele
Les communistes luttent pour la réalisation des objectifs immédiats
Sie kämpfen für die Durchsetzung der momentanen Interessen der Arbeiterklasse
Ils luttent pour l'application des intérêts momentanés de la classe ouvrière
Aber in der politischen Bewegung der Gegenwart repräsentieren und kümmern sie sich auch um die Zukunft dieser Bewegung
Mais dans le mouvement politique d'aujourd'hui, ils représentent et s'occupent aussi de l'avenir de ce mouvement
In Frankreich verbünden sich die Kommunisten mit den Sozialdemokraten
En France, les communistes s'allient avec les social-démocrates
und sie positionieren sich gegen die konservative und radikale Bourgeoisie
et ils se positionnent contre la bourgeoisie conservatrice et radicale

sie behalten sich jedoch das Recht vor, eine kritische
Position gegenüber Phrasen und Illusionen einzunehmen,
die traditionell aus der großen Revolution überliefert sind

cependant, ils se réservent le droit d'adopter une position
critique à l'égard des phrases et des illusions
traditionnellement héritées de la grande Révolution

**In der Schweiz unterstützt man die Radikalen, ohne dabei
aus den Augen zu verlieren, dass diese Partei aus
antagonistischen Elementen besteht**

En Suisse, ils soutiennent les radicaux, sans perdre de vue que
ce parti est composé d'éléments antagonistes

**teils von demokratischen Sozialisten im französischen
Sinne, teils von radikaler Bourgeoisie**

en partie des socialistes démocrates, au sens français du terme,
en partie de la bourgeoisie radicale

**In Polen unterstützen sie die Partei, die auf einer
Agrarrevolution als Hauptbedingung für die nationale
Emanzipation beharrt**

En Pologne, ils soutiennent le parti qui insiste sur la révolution
agraire comme condition première de l'émancipation
nationale

**jene Partei, die 1846 den Krakauer Aufstand angezettelt
hatte**

ce parti qui fomenta l'insurrection de Cracovie en 1846

**In Deutschland kämpft man mit der Bourgeoisie, wenn sie
revolutionär handelt**

En Allemagne, ils luttent avec la bourgeoisie chaque fois
qu'elle agit de manière révolutionnaire

**gegen die absolute Monarchie, das feudale Eichhörnchen
und das Kleinbourgeoisie**

contre la monarchie absolue, l'escroc féodal et la petite
bourgeoisie

**Aber sie hören nicht auf, der Arbeiterklasse auch nur einen
Augenblick lang eine bestimmte Idee einzuflößen**

Mais ils ne cessent jamais, un seul instant, inculquer à la classe
ouvrière une idée particulière

die klarste Erkenntnis des feindlichen Antagonismus zwischen Bourgeoisie und Proletariat

la reconnaissance la plus claire possible de l'antagonisme hostile entre la bourgeoisie et le prolétariat

damit die deutschen Arbeiter sofort von den ihnen zur Verfügung stehenden Waffen Gebrauch machen können

afin que les ouvriers allemands puissent immédiatement utiliser les armes dont ils disposent

die sozialen und politischen Bedingungen, die die Bourgeoisie mit ihrer Herrschaft notwendigerweise einführen muss

les conditions sociales et politiques que la bourgeoisie doit nécessairement introduire en même temps que sa suprématie

der Sturz der reaktionären Klassen in Deutschland ist unvermeidlich

la chute des classes réactionnaires en Allemagne est inévitable

und dann kann der Kampf gegen die Bourgeoisie selbst sofort beginnen

et alors la lutte contre la bourgeoisie elle-même peut commencer immédiatement

Die Kommunisten richten ihre Aufmerksamkeit hauptsächlich auf Deutschland, weil dieses Land am Vorabend einer Bourgeoisie Revolution steht

Les communistes tournent leur attention principalement vers l'Allemagne, parce que ce pays est à la veille d'une révolution bourgeoise

eine Revolution, die unter den fortgeschritteneren Bedingungen der europäischen Zivilisation durchgeführt werden muss

une révolution qui ne manquera pas de s'accomplir dans des conditions plus avancées de la civilisation européenne

Und sie wird mit einem viel weiter entwickelten Proletariat durchgeführt werden

Et elle ne manquera pas de se faire avec un prolétariat beaucoup plus développé

ein Proletariat, das weiter fortgeschritten war als das Englands im 17. und Frankreichs im 18. Jahrhundert

un prolétariat plus avancé que celui de l'Angleterre au XVIIe siècle, et celui de la France au XVIIIe siècle

und weil die Bourgeoisie Revolution in Deutschland nur das Vorspiel zu einer unmittelbar folgenden proletarischen Revolution sein wird

et parce que la révolution bourgeoise en Allemagne ne sera que le prélude d'une révolution prolétarienne qui suivra immédiatement

Kurz gesagt, die Kommunisten unterstützen überall jede revolutionäre Bewegung gegen die bestehende soziale und politische Ordnung der Dinge

Bref, partout les communistes soutiennent tout mouvement révolutionnaire contre l'ordre social et politique existant

In all diesen Bewegungen rücken sie als Leitfrage die Eigentumsfrage in den Vordergrund

Dans tous ces mouvements, ils mettent au premier plan, comme la question maîtresse de chacun d'eux, la question de la propriété

unabhängig davon, wie hoch der Entwicklungsstand in diesem Land zu diesem Zeitpunkt ist

quel que soit son degré de développement dans ce pays à ce moment-là

Schließlich setzen sie sich überall für die Vereinigung und Zustimmung der demokratischen Parteien aller Länder ein

Enfin, ils œuvrent partout pour l'union et l'accord des partis démocratiques de tous les pays

Die Kommunisten verschmähen es, ihre Ansichten und Ziele zu verheimlichen

Les communistes dédaignent de dissimuler leurs vues et leurs objectifs

Sie erklären offen, dass ihre Ziele nur durch den gewaltsamen Umsturz aller bestehenden gesellschaftlichen Verhältnisse erreicht werden können

Ils déclarent ouvertement que leurs fins ne peuvent être atteintes que par le renversement par la force de toutes les conditions sociales existantes

Mögen die herrschenden Klassen vor einer kommunistischen Revolution zittern

Que les classes dirigeantes tremblent devant une révolution communiste

Die Proletarier haben nichts zu verlieren als ihre Ketten

Les prolétaires n'ont rien d'autre à perdre que leurs chaînes

Sie haben eine Welt zu gewinnen

Ils ont un monde à gagner

ARBEITER ALLER LÄNDER, VEREINIGT EUCH!

TRAVAILLEURS DE TOUS LES PAYS, UNISSEZ-VOUS !

www.ingramcontent.com/pod-product-compliance
Lightning Source LLC
Chambersburg PA
CBHW011735020426
42333CB00024B/2906